# 「国際的な読解力」を育てるための「相互交流のコミュニケーション」の授業改革

――どうしたらＰＩＳＡに対応できるか――

有元秀文

溪水社

# 序文

この本は、どうしたら「相互交流のコミュニケーション」によって「国際的な読解力」を育てられるかを考えた論文集である。どうしたら、国際社会に通用する読解力を育てられるかを考え続けた私の研究の軌跡である。この本をお読みいただければ、この目的を達成するために、私が努力したことのおおよそがわかっていただけるだろう。どうしたら、OECDが行った国際調査PISA（ピザ）に対応できる読解力が育つかもわかっていただけるはずである。

私は、国語教育で「コミュニケーション」という言葉がほとんど用いられなかった十数年前から、国語科の目的はコミュニケーションだと信じてきた。その大きな理由は、長く指摘され続けているように、日本人が国際社会で十分なコミュニケーションができないからである。国際共通語である英語ができないということも大きな理由だが、もっと大きな理由は日本語でコミュニケーションが不活発なことにある。

コミュニケーションは必ず双方向でなければならない。だから「相互交流のコミュニケーション」と名付けた。「相互交流」ということは、絶え間ない全人的な関わりを通してお互いが分かり合うことである。

「国際的な読解力」を育てるためには「相互交流のコミュニケーション」が必要である。全国津々浦々まで相互交流のコミュニケーションが活発になれば、国際社会で日本人は堂々と円滑に交流できるはずである。国内の難しい課題でも解決できるはずである。複雑でデリケートな対人関係も円満に処理できるはずである。相互交流のコミュニケーションが津々浦々の教室で行われることは私の宿願である。

この私の願いに強力な援軍が現れた。それがＰＩＳＡ読解力調査である。ＰＩＳＡの結果、読解力が低下したことが大きな問題になっている。しかし、ＰＩＳＡの問題で日本の高校生ができなかったのは、従来わが国で行われた「読解」ではなく、「読んだことについて表現すること」なのである。これが国際社会で要求される「相互交流のコミュニケーション」そのものなのである。私が口を酸っぱくして言い続けてもなかなか理解していただけなかった「相互交流のコミュニケーションの不足」が、ＰＩＳＡの不振で明らかになったのである。

従来わが国で行われてきた「読解」の学習をいくら行ってもＰＩＳＡに十分対応できる読解力は育たないだろう。また、従来わが国で行われてきた「表現」の学習をいくら行ってもＰＩＳＡには十分対応できないだろう。まったく新しい国際的な課題を突きつけられたと考えないと十分な対応はできないはずだ。

ＰＩＳＡで読解力の得点が低かった原因には、もちろん学力低下が関与している可能性も否定できない。しかし、本質的には、国際的な基準から見て、日本人の読解力が遅れているということなのである。なぜなら、ＰＩＳＡのような問題を日本人は解いたことがなかったからである。だから、こういう学習を日本の教師たちが取り入れれば、日本の子どもたちの基本的なリテラシーの高さや教師の質の高さから考えて、短期間に世界最高水準に到達できるはずである。

ＰＩＳＡで出題されたような読解の問題はＰＩＳＡ特有ではない。アメリカやイギリスで行われている読解のテストにもいくらでも類似の問題がある。だからＰＩＳＡ型の問題というより、欧米先進国でごく普通に行われている「国際的な読解の問題」と考えた方がよい。

ＰＩＳＡ読解力調査が行われたことは、国語教育にとって、教科教育全部にとっても、蒙古襲来や黒船の来航に例えられるだろう。国語教育も、国語力が基礎になる教科教育も、長い眠りから覚めて開国を迫られているのである。もちろん、国語教育を国際化させる試みは今までに数多くあった。最も影響力の大きかった改革は、学習指導要領の改訂によって、国語教育の目標に「伝え合う力」が導入されたことである。その結果、ほとんどの小学生がスピーチやディベートを経験するようになった。スピーチやディベートは、国際的な読解力の基礎技能である。

しかし、スピーチやディベートだけでは、ＰＩＳＡには対応できなかったのである。国際的な読解力がもとめているものは、単なる表現ではない。「批判的に読んだことについて」「根拠を明らかにして」「自分の意見を表現し」「話し合って問題を解決する」ことなのである。この中で重点は「読んだことを根拠にして自分の意見を表現する」ことにある。

たったこれだけのことを教室に導入することがどれほど難しいことであろうか。なぜなら、今まで「読解」と「表現」は切り離して教えられることが多かったからである。また、「批判的に読む」ことは広く行われてこなかったからである。「根拠を明らかに」することも「自分の意見を表現」することも「話し合って問題を解決する」ことも広く徹底して行われることはなかったからである。「読んだことを根拠にして自分の意見を表現する」ことは徹底して行われてこなかった。だからＰＩＳＡの自由記述問題で、日本の高校生の無答率は欧米先進諸国に比べて際だって高かったのである。

このような目標が明らかになった今、具体的な方策を立てる必要がある。私が、二度にわたるＰＩＳＡ調査を詳しく分析した考察と併せ、今までに海外と国内で行った授業研究の成果に基づいて、国際的な読解力を育てるために、次の七つの方策を提案したい。

これからの国語教育は、もちろん、従来の伝統的な良さを大切にしながらも、次のように転換していく必要があると思う。

①教科書教材だけを精読する授業から、本・雑誌・インターネット・新聞など多様な文字資料を収集して活用し課題を解決するプロジェクト型の学習に転換する。

②教師が一方的に主導する一斉授業から、子どもが主導して協同的に高め合う協同学習に転換する。

③教師と子どもの一問一答型の授業から、子ども同士が討論して課題を解決する討論型の学習へ転換する。

④大人の興味や関心を押しつける授業から、多くの子どもたちにとって、身近で興味深く楽しくわかりやすくやさしくやりがいのある教材や課題を与える授業に転換する。

⑤登場人物の心情や内容を主観的に憶測する読解の授業から、書かれていることを根拠にして「なぜそう書いたのか」を討論を通して推論し解釈する学習に転換する。

⑥教材を無批判に受け入れて感動させる授業から、具体的な根拠を挙げて、文章が効果的かどうか評価したり批判したりする学習に転換する。

⑦体験や感想だけをもとにして表現させる授業から、正確に読み取ったことを根拠にして自分の体験と結びつけて表現させる授業に転換する。

しかし、その前に、教室の大部分の子どもたちが積極的に自分の意見を表現できなかったらどうしたらいいだろう。そういう教室は少なくないはずである。子どもの心を開き、表現への意欲を高め、かつ真剣に規律を守って授業に参加させるための六つの方策を提案したい。これらはどんな教科の授業にも当てはまることである。

①子どもたちがどんな発言をしても、教師は、温かく受け入れて理解し共感し、決して無視したり嘲笑したり否定したり批判したりしない。

②教師が、よく発言できる子どもばかりをほめて子どもを序列化したり、発言できない子どもに劣等感を抱かせたりしないようにする。
③人権意識を子どもたちに徹底することによって、この教室ではどんな発言をしてもだれからもさげすまれたり笑われたりいじめられたりしないという安心感を育む。
④教師が、どんな子どものどんな発言にもよいところを見つけて具体的に称賛し、子どもたちの自尊感情を高め、「発言してよかった」「発言するのが楽しい」という気持ちを養う。
⑤子どもたちが表現し討論しなければ、授業は成立しないのだという意識を、教師が強く持ち子どもたちに繰り返し伝える。そして発言のための時間をたっぷり確保する。
⑥学級の全員の合意のもとに、明確な話し合いのルールを定め、一人が発言しているときは必ず黙って集中して聴くことや、積極的に話し合いに参加することを、教師が温かい中にも毅然とした態度で学級の全員に徹底させる。

つまり、ＰＩＳＡ調査で要求される読解力や論理的な表現力が発揮されるためには、心の問題を軽視してはならない。子どもたちの心がのびやかに自由闊達に解放されていなければならない。大きな声が出ない子どもに大きな声を出すように強いたり、意見を言いたくない子どもに無理強いするようなことがあってはならない。頭ごなしにわけも聞かずに叱りつけるなどもってのほかである。

読んだことについて論理的な表現ができるためには、まずその前に、子どもたちが自分のことを好きにならなければならない。大人には興味があっても子どもにはつまらないことを無理強いされたり、成績で序列化されたり、自分の意見を否定されたり批判されたりしていたら、子どもたちの自尊感情は低くなるばかりである。自分が好きになれない子どもが自由闊達に意見を言えるはずがない。国際的な読解力を育てる前に、教師と子ども、子どもと子どもとの心の交流がなければならない。

もっともっと子どもたちを誉めてあげてほしい。もっともっと子どもたちと心の交流をしてほしい。もっともっと子どもたちと遊んで欲しい。遊び以上の相互交流のコミュニケーションはないのである。そのために、もっともっと教師にこそゆとりの時間を確保してほしい。

子どもたちの考えがどんなに未熟でも否定したり批判したりしないでほしい。子どもたちがたくさん失敗してたくさん回り道してたくさん試行錯誤しても、温かく受け入れて見守ってあげてほしい。

もっともっと子どもたちに読書の楽しみを教えてあげてほしい。本だけでなくインターネットや新聞や雑誌やテレビやビデオからも、流行している歌からでも国語の教材を探し出してきて、子どもたちが今一番興味のあることについて語り合って欲しい。それが相互交流のコミュニケーションなのである。そうしなければ、心と心が分かり合う相互交流のコミュニケーションは成立しない。

この本に収録した論文は、刊行された当時のまま、表記の統一など形式的な面を除き、字句の修正を加えていない。だから若干の重複があることはお許しいただきたい。

最後に、このような、地味だけれども、国語教育だけでなく日本の教育が国際化するためにどうしても必要な出版の企画を実現してくださった渓水社社長の木村逸司さんのご厚意に心からお礼申し上げたい。

二〇〇六年三月九日

有 元 秀 文

# 目次

「国際的な読解力」を育てるための
「相互交流のコミュニケーション」の授業改革

# 1 「対話と相互交流」のある学校をめざして

## 一 「対話と相互交流」が必要な理由

なぜ「対話と相互交流」が必要かという理由を、私の体験から語ってみたい。

初めて高校の教師になったころ、よく先輩に言われたことがある。

「事務的なことは俺たちがやるから生徒と遊んでやってくれ。」

この言葉の意味がだんだん分かってきたのは、ずっと後になって、当時の高校の状況が客観的にとらえられるようになってからである。激しい紛争で、大学ではろくに授業を受けられなかった私が、都立新宿高校の教師になったのは昭和四十六年である。そのころ高校では、大学紛争に続いて頻発した高校紛争がおさまった直後である。

毎年百人程が東大に進学していた当時の新宿高校では、年間数回の実力試験が行われていて、東大に入るための徹底した体制がしかれていた。

現在音楽家として活躍中の坂本龍一氏を委員長にした当時の高校生たちが主張したことは、受験教育は本来の教育ではないということであった。

連日にわたる教師と生徒との対話を通して、当時の新宿高校では、受験を目的とした実力試験がすべて廃止された。私が着任したのはその直後である。目標を見失った生徒たちは荒れていた。よく新宿の盛り場に、教室に出てこない生徒たちを探しにいったものである。

今になって思えば、こんな状況だからこそ、先輩の教師たちは、新卒の私に「生徒と遊んでやってくれ。」「つきあってやってくれ。」と繰り返したのだと思う。

時が変わって、あれから二十五年がたった。紛争時に高校生たちが主張したことを、文部省や教育委員会が主張するようになってきた。

しかし、今の子どもたちは当時よりもっと荒廃しているのではないか。かつて、高校生たちは教師たちを批判し自己主張した。今の子どもたちは、学校に登校しなくなり、弱者をいじめる。不登校は二十年前の七倍にのぼり、校内暴力は十年前の三倍にのぼる。だからこそ、対話と相互交流が必要だと思う。しかし、今の教師に子どもと遊ぶゆとりがあるのだろうか。

## 二　子どもたちのコミュニケーション

子どもたちのコミュニケーションはどうなっているのだろう。国立教育研究所が行った「コミュニケーション調査」では、次のようなことが分かった。

1　授業中のコミュニケーションに対する関心・意欲は、小学生の方が中学生よりかなり高い。

・学級活動の話し合いを好む小学生は二〇％だが、中学生は四％である。

2　友だちとのコミュニケーションについては、小学生の方が中学生より自信がある。

・「友だちとの会話で、人の話をよく理解すること」に自信がある小学生は二九％だが、中学生は一九％に減る。

・「友だちとの会話で、自分の考えを正しく伝えること」に自信がある小学生は二四％だが、中学生では一七％に減る。

3　中学校では作文指導も音声コミュニケーションの指導も、小学校と比べて著しく頻度が少ない。

・スピーチで意見を話すことは、小学校では三二％の教師が週に一回以上指導しているが、中学校では八％にすぎない。

4　教師とのコミュニケーションに自信がある小・中学生は極めて少ない。

・「先生に対して分かりやすく話すこと」に「自信がある」小学生は六％だが、中学生でも四％といずれもかなり低い。

・「先生の話を聞いてよく理解すること」に「自信がある」小学生は一六％だが、中学生では八％に下がる。

5　授業中に積極的に発言しない理由

・中学生が発言しない理由の第一位は、「答えが分からないから」で五二％であった。

ほとんどのコミュニケーションについて、小学生より中学生の方が、関心も意欲も低く、自信もないことが分かった。この背景には、中学生になると自己批判力がついたり羞恥心が増すという発達的な理由もあるだろう。

しかし、はっきりしていることは、小学校の方がはるかに発表や話し合いの指導をしているのである。そして、中学校でコミュニケーションの指導が行われない理由は、正答重視の知識偏重型の授業が主流であるからではないかと思われる。

また、小学校でも中学校でも、教師と子どもとのコミュニケーションは極めて不十分だとしか思えない。コミュニケーションの学習は、小学校から中学校に進むにつれてどんどん進まなければいけないはずである。しかし、実際は小学校から中学校へ進むと、対話や話し合いによる相互交流はかえって不活発になってしまうのである。いじめも不登校も校内暴力も解消するはずがないと思う。

## 三　子どもたちの声

友だちとのコミュニケーションもうまくいかず、教師と理解し合うこともなく、コミュニケーションに自信も関心も意欲も少ない子どもたちは一体どんなことを考えているのだろう。

私が教師をしていたころの高校の職員室には、よく生徒がたむろして教師たちと語り合っていた。毎日のようにクラブ活動で接する子どもたちの話を聞く機会も多かった。今の学校にはそんなコミュニケーションの場があるのだろうか。

国立教育研究所が行ったコミュニケーション調査では、小学生と中学生に同じテーマで意見発表のスピーチの原稿を書いてもらった。中学生の回答を読んで驚いたことは、学校教育に対する批判が非常に多いということであった。これだけの批判力を持っている子どもたちに、意見発表や討論や、教師たちとの対話をとおした相互理

解の場は与えられているのだろうか。（以下、枠囲みは「学校週五日制について」の意見発表の原稿）

土曜日が全部休みになるのには、絶対に何があっても賛成です。だいたい日本人は勉強のしすぎなんだ。外国人にだって、日本の勉強はただ暗記するだけってバカにされているんだぞ。こんなに勉強したって世の中にでりゃ全然使うことがないじゃないか？ 使うといったら数学の計算ちょっとと、漢字ぐらい。漢字っていったって今の時代パソコンあるし。できれば土曜日だけじゃなく夏休み二〜三か月、それに毎日午前授業にしてほしいくらいだ。こういうところからストレスとかたまってたまってイジメというものもでるんだ。分かっているのか国立研究者のおえらがたさん達。もっと勉強する量を減らせ。社会の歴史なんぞいらん。昔すごいことしたならほめればいい。平安京たてたからどうだっつうんだ。別にたてたらたてたでいいじゃないか。どうして私達がそんなもん知っていなきゃならんのだ。話がずれたがとにかく土曜日は休日。それに土曜の授業を金曜へいれたりしちゃダメ。ネッみんな。

（中学一年）

あえて全文を、原文どおりに紹介した。学校の先生方の中には、こういう論調に抵抗を覚える方も多いのではないだろうか。ただし、この生徒がこういう感情と考え方を持っていることは事実である。この生徒に誤解があるとしたらそれを正す方法はたった一つ、対話をとおして相互理解する以外にない。しかし、もしこの生徒の批判に妥当な点があれば、教育の制度や学校や教師が改善をはかるほかはないだろう。しかし、何よりも先に心を開いて話し合う必要がある。

私は、今の教育のしかたがきらいです。宿題をたくさんだしたり、勉強も覚える勉強だったり、そんなもん本当に必要なのか、今私たちに必要なものは何なのかと思うからです。だいぶ前、子供の仕事が勉強だと聞いて、ざけんじゃねえと思いました。教師の仕事が勉強を教えることでも、自分で決めたのならいいと思います。でも、子供の仕事は、大人が勝手に決めたものだと思います。子供に必要なことは、きれいな心と遊ぶことだと思います。学校は、いろいろなことを学ぶとこです。勉強、遊び、恋、生きているもの（→命あるもの）との接し方などを学ぶところです。なのに、今の学校は勉強でうめつくされていると思います。だから、休みを増やし、たくさん遊んで自分の得意なものや好きなものなどを見つけていけばいいと思います。子供はまだまだ遊びたいと思います。それを勉強でしばらずに自分に本当に必要なもの、大切なものをたくさんつくり、自分の生き方を決めていけばいいと思います。だから、土曜日を休みにして、たくさん遊べる時間をふやせばいいと思います。

（中学一年）

「そんなもん本当に必要なのか」というこの子どもの声に大人は真剣に答えるべきだと思う。

私は土曜日が休みになることに賛成します。現に休みになっている学校だってあるのに、ひいきだと思います。理由は、日本人は勉強のしすぎだと思います。だからストレスがたまりにたまって「いじめ」が出てくるのだと思います。だから土曜日は休みにして、少しでも家族と話したいと思っています。朝から晩まで勉強や学校やテストやクラブやじゅくがあって本当にゆっくりする時間がありません。私は絶対こういうストレスで「いじめ」がおきていると思います。私はこんなに勉強させられても将来やくに立つことはあるんでしょうか、ということをよく思います。私はだれも勉強なんて自分からする人なんかいないと思います。土曜日を休日にして「自分の好きなこと」だけをする日にしたいです。本当にいじめをなくしたいと思うなら、土曜日を休日にした方がいいです。だから外国では土曜日が休みなので、「いじめ」があまりないんだと私は思います。

（中学一年）

「いじめ」を解消するためのどんな会議や研究より、まずこんな子どもの声を真摯に受けとめるべきだと思う。「朝から晩まで勉強や学校やテストやクラブやじゅくがあって本当にゆっくりする時間がありません。私は絶対こういうストレスで『いじめ』がおきていると思います。」

われわれは、一度でも、学校に通う子どもたちのランドセルやカバンの重さを確かめてみたことがあるだろうか。

## 四　もっと対話を、もっと話し合いを、もっと交流を

三人の中学生たちの意見を聞いて、読者はどんな感想を持たれただろうか。私が若い教師だったら、きっと生徒たちを論破しようとしただろうと思う。人生の厳しさが分かっていないとか、甘えているとか、大人の意見を受け売りしているとか思ったに違いない。しかし、今はこの子どもたちの声に耳を傾けてみたいと思う。この子

どもたちは成人したら、同じようなことはきっと語らないはずである。だからこそ、日本の教育は何も変わらないまま過ぎていくのである。日本のサラリーマンの夏休みは平均五日だという。夏休みに塾に通っている多くの中学生も同じ状況に置かれているはずである。テレビニュースは暗い話題ばかりである。だれかがこの状況を変えなければならない。しかし、政治や行政や親の育て方をなじっていても解決には結びつかないはずである。

教師がすべて悪いようなことを言う前に、最も困難な学校の教師の立場を思いやってみよう。行政がすべて悪いように言う前に、その立場になってみて何が変えられるか、一度考えてみよう。思いやりのない非難の応酬からは何一つ建設的なものは産まれないはずである。

だれかを非難することをやめて、それぞれの持ち場で対話と交流をとおした相互理解の場をつくりたいものである。ゆっくりと人の言うことに耳を傾け、自らも思いや感情を率直に語るコミュニケーションの時間を持ちたいものである。だれかに責任を押しつけるより、こうしたらきっとよくなるという提案をしたいものである。そうして、子どもたちと教師や大人たちが心を開いて語り合える学校に一歩ずつ近づいていきたいものである。


### 参考文献

1　有元秀文編「国際化の進展に対応したコミュニケーション能力の育成を目指す、カリキュラムの開発研究」(小学校調査報告書／中学校調査報告書)、国立教育研究所、一九九六、一九九七年

2　有元秀文研究代表「スピーチコミュニケーション能力の育成に役立つマルチメディア教材の開発」(研究成果報告書)、一九九七年

## 2 「相互交流のコミュニケーション」を学ぶための国語教育のありかた

### 一 なぜ相互交流のコミュニケーションか

現在の国語教育を改善するためには、とりわけ「相互交流のコミュニケーション」に重点を置く必要があると考えている。「相互交流のコミュニケーション」とは、一方通行ではない、双方向のコミュニケーションのことである。人と人との相互の意志が交流することによってお互いが理解し合うコミュニケーションである。こんな当たり前のことを重視したい理由は四つある。

最大の理由は、学校や地域や家庭に相互交流が欠けがちだからである。いじめ・不登校・校内暴力に全く歯止めのかからない現在の状況は、異常事態である。これは教師と子どものコミュニケーションが円滑に行われていないからに違いない。子ども同士のコミュニケーションも、地域や家庭のコミュニケーションも円滑に行われていないからに違いない。

二番目の理由は、国語嫌いを解消するためである。国立教育研究所で約一万七千人に行った「関心調査」では、小学校三年生までの約半数の児童が、「嫌いな教科」として国語を挙げている。小学校高学年でも約三人に一人の児童が嫌いと答えている。中学・高校でも約三人から四人に一人が嫌いと答えている。これも異常事態である。

こんなに国語嫌いが多い主因は、教師が教えたいことと子どもが期待することがはるかにかけはなれているからであろう。教師と子どもたちとの相互交流が円滑でないのである。

三番目の理由は、この生きにくい時代に生き抜いていくための技能を育てなければならないからである。学校ではいじめや暴力がはびこり、社会に出れば倒産や失業が待ちかまえている。いじめられたときに拒絶するにも、相手を説得するにも、利害相反するときに調停するにも、すべて相互交流のためのコミュニケーションの技能が必要である。

四番目の理由は、国際社会で堂々と交流できる子どもたちを育てるためである。今までの日本人のように、会議の場で黙りこくっていたり、討論になると怒鳴りあいになってしまうようでは、日本そのものが国際社会で生き残れないだろう。

## 二 子どもたちのコミュニケーションに対する教師と子どもの意識

子どもたちのコミュニケーションがおかしいということはよく言われることである。しかし、どこがどうおかしいのかを客観的にとらえることは容易でない。国立教育研究所国語教育研究室では、五年間かけて全国の小学校と中学校の児童生徒と教師に質問紙調査を行った。調査対象は小学校三十八校の七〇〇人の教師と三六〇〇人の児童、中学校四十校の九五〇人の教師と二六〇〇人の生徒である。

教師がとらえている子どもたちのコミュニケーションの実態は惨憺たるものである。

・「教師に対して単語だけでなくきちんとした文の形で話すこと」を「よい」と評価した教師は、小学校では

表2-1　学年別に見た授業中の発言状況

| | 小 | 学 | 校 | | | | 中 | 学 | 校 |
|---|---|---|---|---|---|---|---|---|---|
| 学　年 | 1 | 2 | 3 | 4 | 5 | 6 | 1 | 2 | 3 |
| 「よく発言する」と答えた教師の比率 | 35% | 31% | 27% | 16% | 9% | 7% | 41% | 19% | 12% |

四%、中学校でも三%であった。

・「授業や学級活動で、根拠や理由を明らかにして自分の意見を話すこと」を「よい」と評価した教師は、小学校では四%、中学校でも四%であった。

・「友だちとの会話で自分の考えを正しく伝えること」を「よい」と評価した教師は、小学校では二%、中学校でも三%であった。

つまり、今の子どもたちのコミュニケーションは、教師にとってはほとんど満足できない状態だということが明らかになったのである。

一方、子どもたちは自分たちのコミュニケーション活動をどのようにとらえているのだろう。驚くべきことに、小学生と中学生の意識を比べてみると、ほとんどのコミュニケーション活動について小学生の方が中学生よりも意欲的で自信があることが分かった。

・学級活動の話し合いを好む小学生は二〇%だが、中学生は四%である。

・「友だちとの会話で、人の話をよく理解すること」に自信がある小学生は二九%だが、中学生では一九%に減る。

・「授業や学級活動で、自分の意見を分かりやすく話すこと」に自信がある小学生は一五%だが、中学生では四%に減る。

・「先生の話を聞いてよく理解すること」に「自信がある」小学生は一六%だが、中学生では八%に減る。

また、「児童生徒が授業中によく発言しているかどうか」を教師に尋ねたところ表2-1

のような結果になった。

つまり、小学校一、二年生では三割の教師が「よく発言する」と答えているが、五、六年生になると一割以下に激減するのである。中学校でも同様に一年生のときは四割の教師が「よく発言する」と答えているが、三年生になると一割に激減する。この原因には思春期になって口が重くなるからということもあるだろう。しかし、それればかりとは思えないのである。学年が上がると不活発になる理由を教師に尋ねると、「学習内容が多くなって知識がないと答えられないこと」を挙げる教師が、小学校で三割、中学校で二割いる。知識偏重の授業が子どもたちの口を重くさせているのではないだろうか。

一方、子どもたちに対して、「授業中に積極的に発言しない理由」を尋ねたところ、「答えが分からないから」と答えた小学生は三七％で、中学生は五二％であった。授業中のコミュニケーションに関する限り、正答だけを重視する知識偏重の授業や受験を意識した詰め込み学習が、子どもたちのコミュニケーションを不活発にしていることが分かる。

## 三　コミュニケーションの指導は、どの程度行われているか

それでは、コミュニケーションの指導はどの程度行われているのだろうか。音声コミュニケーションだけに絞ると、中学校での指導は小学校に比べて著しく行われていない。
・「スピーチで意見を話す」指導を週に一度以上行う教師は、小学校では三二％だが、中学校では八％である。

・「児童生徒が司会で学級で討論する」指導を一学期に数回以上行う教師は、小学校では六三％だが中学校では四五％である。

音声コミュニケーションの指導をほとんど行わない教師を見ても、中学校の方が小学校よりはるかに多い。

・「スピーチで意見を話す」指導をほとんど行わない教師は、小学校では一四％だが、中学校では三四％である。

具体的な指導法を見ても、中学校より小学校の方が徹底している。

・「意見を発表するときに必ず理由を言わせる」という指導を「いつもしている」教師は、小学校では四五％だが中学校では二九％である。

## 四　コミュニケーションの技能の実態

今までの調査結果は意識調査だから、どの程度実態を反映しているかは定かでない。しかし、特に音声コミュニケーションの技能の実態を客観的にとらえることは難しい。国立教育研究所のコミュニケーション調査では、子どもたちにスピーチの原稿を書かせて、積極的に分かりやすく説得力を持って主張するコミュニケーションの力を調べた。

テーマは六種の中から選ばせた。調査結果を、昨年度行われた小学校調査の結果と比較すると次のことが明らかになった。

・「主張、理由、結論」という分かりやすい構成で書かれた回答は、小学生では学年が上がるにつれて増えて、六年生では五八％になる。しかし、中学生になると、一年では四〇％、二年では三四％と小学生より低下してしまう。

・一つでも「分かりにくい文」のあった児童生徒は、小学生では七八％だが中学生でも七四％いて、ほとんど差が見られない。このことから、分かりやすい文を書くための言語技術の指導は、小学校でも中学校でも徹底していないものと思われる。

・スピーチの内容を調べると、小学生も中学生もほとんど同じ根拠を挙げている。しかも、現実的な意見や個人的で感情的な意見が多い。また、個々の回答を読むと読書・新聞・テレビなどから情報収集した形跡のあるものは稀である。

要するに「分かりやすい構成で話す」言語技術は小学生の方が中学生より勝っている。また、「分かりやすい文をつくる」技術は小学生も中学生もほとんど身につけていない。しかし最も深刻なことは、ほとんどの子どもの文章に読書の形跡が見られないことである。

## 五　学習指導法をどう変えたらよいか

コミュニケーション調査の結果は、新学力観の普及が進んでいると言われる小学校と、新学力観が小学校ほどには普及していない中学校の違いを裏付けた。子ども中心の新学力観が広まれば、発表や討論のような子どもが積極的に参加する学習が盛んになるはずだからである。とはいえ、小学校でもすべての先生が音声コミュニケーションの指導に熱心なわけではない。また、言語技術の指導はほとんど行われていないといってよいだろう。

しかし、統計で分かることは漠然とした輪郭だけである。質問紙調査の限界に気づいた私は、多くの音声コミュニケーションの授業をビデオに収録して会話資料を作り分析した。分析の目的は、活発な相互交流の行われる授業とはどんな授業かを明らかにすることであった。スピーチコミュニケーションの本場であるアメリカでも多くの授業を観察し、オーストラリアではいじめ解消のための授業も観察した。そして、よく言われる子どもの目が輝く授業とか、盛り上がる授業がどのように行われるのかを明らかにしようと試みた。なぜなら、教師がどんなに高尚な目標を持とうとも、子どもが関心を持たず積極的に自発的に参加しないなら学習の効果が上がるはずがないと思うからである。教室に相互交流が産まれるのは、子どもが心から関心を持って自ら参加したときだと思うからである。

こんな観点で、活発な相互交流のある多くの授業を分析した結果、いくつかの共通項を発見することができた。これらはそのまま、相互交流のコミュニケーションを重視した学習指導法の核になりうるものだと思う。

①子どもたちが何に関心や興味を持っているかを、教師がよく把握していること
②多くの子どもたちが関心や意欲を持つ教材や場面や発問を、教師が発見すること
③子どもたちが主役の授業を行おうとする強い意志を、教師が持っていること
④子どもたちのいちいちの発言について批評したり批判したりしないですべて受け入れること
⑤よい発言は積極的に賞賛すること
⑥コミュニケーションの「基本的な技能」を徹底的に厳しく教えること

このうち、⑥に挙げた「基本的な技能」とは次のような単純なことである。

①意見を述べるときは必ず具体的な根拠を挙げること

②相手の発言をまず自分の心で受けとめてから対話すること
③根拠のあいまいな意見に対しては必ず質問すること
④納得のいかない意見に対しては批判すること
⑤質問されたことに対して的確に答えること
⑥視線を上げて、相手の目を見て発言すること
⑦メモやノートを見ないで、自分で考えた自分の言葉で発言すること

すべての子どもの発言を受け入れ、子ども主導の授業を実現できる教師が、驚くほどの厳しさでこれらの技能を教える場面に遭遇することが多い。その教え方は、口を酸っぱくして言い聞かせることもあれば、賞賛する中で暗示することもあり千差万別である。しかし、基本的な技能に対する厳しさは一様である。そしてその厳しさは子どもの自発性や意欲を決して損なわないのである。

## 六　カリキュラムをどう変えたらよいか

活発な相互交流のある授業をすべての教室で実現するためには、学習指導要領が変わることが先決である。学習指導要領が変わればすべての教科書が変わるからである。

それでは現在の学習指導要領は、相互交流のコミュニケーションを重視しているだろうか。現在の学習指導要領では、学年ごとの「目標」も「内容」も「話すこと・書くこと」「聞くこと・読むこと」に分けて示している。表現と理解を「関連的に指導されるように考慮する（内容と取扱い）」という記述を見落としてしまえば、表現と

理解を別々に指導するような誤解が生じる余地がある。事実、読解と作文が別々に指導されたり、話すことと聞くことが別々に指導されることは、今でも多いのではないだろうか。

一方、スピーチコミュニケーションの先進国である、カリフォルニア州のカリキュラムでは次のように話すことと聞くこととは分かち難い活動として取り扱われている。

英語の言語技術教育は、聞くこと、話すこと、読むこと、書くこと、そして文学の学習が調和的にかつ補強し合って、相互に密接な関係をもつ指導計画に基づく。（文献8）

また、表現と理解とを別々に指導することも、次のように強く否定されている。

| 効果的な指導計画 | 効果的でない指導計画 |
|---|---|
| ◇聞く・話す・読む・書く・言語技能の指導の一体化を強調した指導計画<br>◇読み・書くことと一体化され、個人やグループでの、多様な話し・聞く活動をすべての生徒に体験させる話し言葉の指導計画 | ◇読解だけを学んで、作文・討論・聞くことを伴わないような学習<br>◇話すことに卓越した生徒だけが頻繁に話し、話すことが、他の読むことと書くことと遊離した話し言葉の指導計画（文献7） |

これからの学習指導要領の改訂に当たっては、このように相互交流のコミュニケーションを強調した、分かりやすく説得力のある示し方ができないものだろうか。

## 七　教室に相互交流が生まれるために

カリキュラムが変わり教師の指導法が変われば教室に活発な相互交流が生まれるだろうか。もちろんカリキュラムと指導法は変わる必要がある。しかし、発表や討論に十分な時間を割けるだけの自由が制度的に保証されない限り、根本的な変革は望めないと思う。

日本の学習指導要領や教科書は先進国に類例のない強い法的拘束力を持っている。一方、英米仏豪のカリキュラムはいずれも「指針」であり、教科書の扱いも柔軟である。私が訪問した英米豪ともに、カリキュラムの運用は極めて柔軟で校長や教師の裁量の幅が広い。英国では学校が独自のカリキュラムを開発していた。オーストラリアでは国のカリキュラムに従わない州もあり、ある学校では授業の八〇％で教科書は使わないと言っていた。

一方、日本では全国の子どもがほぼ同じことを学ぶ。教師や子どもの関心意欲と関わりなく、同じ教材を同じ進度で教えなければならない学校も多い。進度に追われていれば発表や討論をさせる時間も取りにくいはずだ。もちろん今の制度の中でも、教師一人一人が個性あふれるカリキュラムや教材を開発し、子どもたちの活発な相互交流を促すこともできるはずなのである。しかし日本の教育制度の中ではだれにもできることではない。

地ビールが生まれたのは規制緩和の成果である。同様に各地に特色のある「地カリキュラム」ができればよいと思う。それとともに先進国の中でもとびぬけて多い学級定員数を減らし、時数や教科書の制約をゆるやかにし、教師の裁量の幅を広げるべきである。学校や教師ばかり責めていても、子どもたちの活発な相互交流が実現することはないだろう。

## 参考文献

1　有元秀文「コミュニケーション調査」、有元秀文編「国際化の進展に対応したコミュニケーション能力の育成を目指す、カリキュラムの開発研究」（小学校調査報告書）、国立教育研究所、一九九六年

2　有元秀文「コミュニケーション調査」、有元秀文編「国際化の進展に対応したコミュニケーション能力の育成を目指す、カリキュラムの開発研究」（中学校調査報告書）、国立教育研究所、一九九七年

3　有元秀文「オーストラリアの教室で見た、いじめ解消のためのコミュニケーション技能の開発」、『国立研究所研究集録』第三五号、一九九七年

4　澤田利夫「理数に関する関心調査」報告書、国立教育研究所、一九九六年

5　文部省『小学校学習指導要領』、一九八九年

6　H. Arimoto, Multivoiced Situated Learning: Reconsidering "Legitimate Peripheral Participation", *Research Bulletin of the National Institute for Educational Research of Japan*, No.28, 1997.

7　California State Department of Education, *English Language Arts Framework for California Public Schools, Kindergarten Through Grade Twelve*, 1987.

8　California State Department of Education, *English Language Arts Model Curriculum Guide, Kindergarten Through Grade Eight*, 1987.

## 3　コミュニケーション活動としての論理的な表現指導のありかた
### ――小中学生のスピーチ原稿の分析――

論理的表現の目的は、コミュニケーション活動にあることを提案したい。そのためにまず、論理的な表現が必要な理由とその定義について考察する。次に、論理的表現に必要な条件を考察した上で、調査結果に基づいて児童生徒の実態を明らかにしたい。最後にその実態を踏まえて、作文指導の改善について提案したい。

### 一　なぜ論理的な表現が必要か

論理的表現が必要だと言われる理由には、外発的な理由と内発的な理由がある。

第一の理由は外発的理由である。国際社会で外国人と交流するためには日本人も欧米型の論理的な表現を身につける必要があるという理由である。

しかし、このような指摘は局地的で個人的な経験に基づいていることが多い。また、日本人の表現のどこがどう論理的でないのかも曖昧である。欧米型の論理的表現が国際社会の主流であることは間違いないだろう。しかしどの文化にも固有の論理があるはずである。欧米を外国の代表のように言うべきではないし、アメリカを欧米の代表のように言うべきではない。また、欧米を絶対視して日本をすべて否定するべきではない。つまり、全世界的な視野とわれわれ自身の体験に基づいた内発的な動機を持つべきである。

二番目の理由は、内発的理由である。日本人同士が相互理解し課題を解決するために、論理的な表現が不可欠なのである。

現在のわが国は、経済・政治・行政・教育などあらゆる局面で危機的な状況にある。これらの危機的な状況を解消するためには、徹底的に論理的な議論を尽くすほかないはずである。しかし、金融不祥事やエイズ薬害事件や動燃の問題を例にとっても、事態が極度に悪化するまで公式の場で本格的な議論が行われない。公式の場で積極的かつ論理的に議論することを学ぶことは、これからの日本人に不可欠な課題である。

要するに、国際交流という外発的な理由と、われわれの相互交流と課題解決という内発的な理由の両者によって、日本人はわれわれの文化と状況にふさわしい論理的な表現を身につけるべきだと思う。この論理的な表現の必要性は、音声によるコミュニケーションの場合も、本稿で取り上げる文字によるコミュニケーションの場合も本質は全く同じである。

## 二　論理的な表現とは何か

### 1　論理的表現とは何か

「論理的表現」は「論理的思考」に基づく表現である。「論理的思考」は、本来帰納法や三段論法のような論理的証明に用いられる西欧の概念である。しかし、国語教育に求められる「論理的表現」は、われわれの文化と社会と状況にふさわしいものでなければならない。国立教育研究所で今まで分析した結果をもとに、児童生徒に

求められる論理的表現の形式的な条件を挙げてみよう。（文献1、2、3、4）

〈論理的表現の形式的な条件〉

①主張が明確に表現され、文章全体を通して首尾一貫していること

②主張の理由が事実に基づいて明確に分かりやすく表現されていること

③一文の中で、語と語の関係が明確に分かりやすく表現されていること

④文と文の関係、段落と段落の関係が明確に分かりやすく表現されていること

これらの条件がすべて備われば、形式的には論理的な表現ができるはずである。しかし、形式が整っただけでは相手の心に訴えることはできない。心に訴えるためには、説得力のある効果的な表現をする必要がある。そのことを明らかにすることが本稿の目的である。

## 2　コミュニケーション活動としての論理的表現

論理的な作文は、前述のような形式的条件を備えている必要がある。しかし、形式だけでは人の心に訴えることはできない。論理的な作文とは、相互理解を促進するような文章でなければならないからである。本来は文章を書くことも、人と人が相互理解するためのコミュニケーション活動なのである。コミュニケーション活動を行うためには、だれがどんな状況で何の目的でだれに向かってという条件が不可欠である。しかし、学校教育で行われている作文はこれらの条件を備えているだろうか。

一方、例えば、目的を持って調べた結果を教室で友だちに報告するための報告文は、これらの条件を備えている。意見発表するための原稿も、ディベートの立論のための原稿も目的や相手が明確である。目的や相手が明確

であれば、相手に理解してもらったり相手を説得する必要が生じる。

そのためには、①主題に対する関心と、相手に伝えたいと思う意欲を強く持ち、②十分な情報収集をした上で、③相手に納得のいくような理由を挙げて、④論理的な形式で順序よく分かりやすく表現する必要がある。これがコミュニケーション活動としての論理的表現である。

## 三　コミュニケーション活動としての論理的表現に必要な条件

### 1　調査の概要

国立教育研究所では、コミュニケーション調査の一環として、小・中学生の論理的表現の実態を調べた。この調査のねらいは、自分が関心を持った課題について、相手が納得するような理由を挙げて、分かりやすく論理的に表現できるかどうかを調べることにある。つまり、前項で述べたように、相手や目的や状況を明確にして論理的に表現できるかどうかを調べようとしたものである。調査の対象は、小学生二七六人、中学生二七七人である。

調査問題の課題は、児童生徒が六種のテーマの中から最も関心があるものを選んで、クラスで意見発表するときのスピーチ原稿を書くというものである。（文献3、4）

### 2　説得力のある論理的表現に必要な条件

五〇〇人を超える児童生徒の文章を読むと、構成も文も論理的で整っているのに、人の心に訴える力のない文章が多いことに気づく。一方、形式は整っていないのに説得力のある文章があることにも気づく。

説得力があると判定した文章に共通する要因は次の二点である。

〈説得力のある文章に共通する要因〉

a．【率直な自分の思いを、自らの体験に基づいて自分の言葉で語っていること】

率直な思いを自分の言葉で語るためには、普段から心を開いて語る習慣が身についていなければならない。また、一番説得力のある理由は自ら体験したことである。自己の体験を発表に結び付けることは、普段から関心を持って考え抜いていなければできない。

b．【積極的に関心を持って、情報を広く深く収集していること】

強い関心があれば、子どもは自己の体験を超えて、読書や新聞やテレビから情報収集するはずである。この情報収集ができなければ、より普遍性のある議論はできない。

これらの二つの条件を備えた文章は、表現が稚拙であっても結果的に主張が明確で首尾一貫していることが多い。なぜなら主張したいことがはっきりしているからである。しかし、形式的には論理に飛躍があったり理由が事実に基づいていないことも多い。つまり、論理的表現に不可欠な前提は、課題に対する子ども自身の関心と意欲だと思う。なぜなら、論理的な表現の目的はコミュニケーション活動だからである。形式が整っていても人の心に訴えない表現はコミュニケーションの役割を果たさないからである。

## 四　コミュニケーション活動としての子どもたちの論理的表現の実態

前項で述べたように、説得力のある論理的表現に必要な条件は次の二点である。

a．【率直な自分の思いを、自らの体験に基づいて自分の言葉で語っていること】
b．【積極的に関心を持って、情報を広く深く収集していること】
また、論理的表現の形式として必要な条件は次の二点に要約できる。
c．【主張と理由が明確で、首尾一貫した文章を構成すること】
d．【語と語の関係が明確で、分かりやすい文を構成すること】
以下に、これらの四項目について子どもたちの実態を探ってみたい。

**1　率直な自分の思いを、自らの体験に基づいて自分の言葉で語っているか**

次の文章は、自分が関心のあることについて、自己の体験をもとに自分の言葉で率直に語った例である。構成上も、冒頭に主張があり、続いてその理由を挙げ、最後に結論があり、整然としている。主張も、冒頭から末尾まで一貫している。すべての理由が自己の体験に基づいているから説得力がある。このような文章が書けるのは、何より自分の好きなことについて書いているからである。論理的で説得力のある文章を書くためには、関心と意欲が不可欠であることがよく分かる例である。しかし、このような文章は稀である。

**例1**〈題：学校の図書館にマンガをたくさん置くことに賛成ですか。〉（小学五年女子）

図書館に、マンガが置かれれば、国語を得意とするものが多くなると思います。

みんな、マンガが好きだし、私も、毎月、一さつは買っています。私は、国語が好きです。なぜかなあと考えたら、漢字が、習ってなくても、すんなり読めるからです。

その、すんなり読めるひみつは、マンガにあり、マンガは、だれでも読めるように、ふりがながあるからだと思っています。弟は、マンガを読む時は静かです。本を読んでる時は、「これ、何ていう字。」とさわぎます。マンガには、ふりがながついていて、読みやすいからです。

自然と漢字が頭の中に入るのです。マンガは、漢字力をつける、絶好の物なので、私は学校にあってもおかしくないと思います。

私は、学校の図書館にマンガを置くことは、賛成です。

**2　積極的に関心を持って、情報を広く深く収集しているか**

例2は、文章構成も論理的ではないし文も乱れているのに心に訴えるものがあるのはなぜだろう。それはこの話題に対するこの生徒の強い関心が表れているからである。農家に生まれて、家族の苦労を目の当たりにしてきたこの中学生の率直な思いが強く表れているから、心を打つのである。また、強い関心があるから、自己の体験を超えた情報がおのずから集まるのである。彼女は軍隊で苦労した祖父の苦労が報われないことに憤り、外国の米をまずいと言う日本人にも憤る。彼女の主張は論理的に展開しないし、明確な結論もない。しかし、他国に頼り他国を非難する日本のありかたがおかしいという批判は首尾一貫している。そしてその主張を支えているのは自らの体験と強い関心に基づいて広く深く収集された情報である。つまり、形式的には十分論理的ではないが、内容的には論理的で批判的な思考が強く表れている。この生徒が形式的な論理性を身につければ、さらに強い説得力が生まれるだろう。

**例2**〈題：外国の安い米をどんどん輸入した方がよいと思いますか。〉（中学二年女子）

私は、外国の安い米をどんどん輸入することには、どちらともいえません。だって、賛成すると、農家の

**表3-1**　「小学校のじゅぎょうでも英語を教えたほうがよいですか。」について「教えた方がよい」と答えた小学6年生と中学1年生の理由

| | |
|---|---|
| 小学6年（合計26人） | 1位　中学に入学したときに苦労しないから……13人（50％） |
| | 2位　小さい頃の方が習得しやすいから………… 9人（35％） |
| 中学1年（合計14人） | 1位　中学に入学したときに苦労しないから……11人（79％） |
| | 2位　外国人と交流できるから……………………… 4人（29％） |

人たちがこまるから。今の日本は輸入ばかりして、他国にたよってばかりだと思います。そんなんじゃ、日本は、ボロボロになってしまいます。私は、そんなの嫌です。私は、祖父たちがかわいそうです。戦争で負け、日本のために兵隊として、十年間も家を開け《ママ》た祖父が。だから日本を守ってきた人たちのために、日本を良くしていってほしいです。

日本は、米不足だからといって、他国から輸入し、「まずい」、「きたない」といって、けなしました。それは、その国の人たちに失礼だと思います。

私は、家でお米を作っているので、あまり関心がなかったけれど、今は、これからの日本に期待します。

しかし、このように自己の体験を超えた情報収集が行われた文章は、稀有である。

情報収集がよく行われているかどうかは、意見の理由を調べると分かる。

表3-1は、「小学校に英語の授業を導入すること」について「賛成」と答えた小学校六年生と中学校一年生の理由を多い順に並べたものである。

小学校六年生の五割、中学校一年生の八割が「中学に入学したときに苦労しないから」を理由に挙げている。つまり、自己の利害関係の範囲でしか考えられないのである。多くの児童生徒にとっては、自己の体験を超えた情報収集ができていないのである。

### 3　主張と理由が明確で、首尾一貫した文章を構成できるか

次の例は分かりやすく説得力のある構成の例である。分かりやすい理由は、冒頭に主張があり、次に理由が添えられ、最後に結論が明示してあるからである。さらに自分の体験に基づいた例示があるので説得力がある。このような構成は、意見文としては最も効果的であろう。

例3〈題：小学校のじゅぎょうでも英語を教えたほうがよいですか。〉（小学四年女子）

| | |
|---|---|
| 主張 | わたしは、小学校でも、英語を教えてもいいと思います。 |
| 理由1 | わけは、もし、英語をしゃべることができたらきっと日本にいる外国の人と友だちになれると思うからです。 |
| 理由2 | それにもし英語が読めたら、いろいろな本とかも読めると思うからです。 |
| 例示 | わたしは、前から、英語を早くならいたいなと思っていました。家にも外国のお客さんが来た時、わたしは、だまっているだけでした。なにも言えなかったからです。親切にすることも、できませんでした。でも、もし英語がしゃべれたらわたしは、きっと親切にしてあげることができたんでわ《ママ》ないのかなと思いました。だからわたしは、それから英語をならいたいと思っていました。 |
| 結論 | しゃべれたら、日本人以外の人とも友だちになれるようなそんな気がしたから英語は小学生でもならっていいと思います。 |

三一ページの表3-2を見ると例3のような、主張・理由・結論という構成で書かれた文章は、小学校四年生

表3－2　分かりやすい構成で書けるか

| 構成の類型 | 小学校 | | | | 中学校 | | |
|---|---|---|---|---|---|---|---|
| | 全体 276人 | 4年 85人 | 5年 93人 | 6年 98人 | 全体 277人 | 1年 137人 | 2年 140人 |
| 1主張、理由、結論 | 47% | 39% | 44% | 58% | 37% | 40% | 34% |

表3－3　分かりにくい文のある回答

| 問　題　点 | 小学校 | | | | 中学校 | | |
|---|---|---|---|---|---|---|---|
| | 全体 276人 | 4年 85人 | 5年 93人 | 6年 98人 | 全体 277人 | 1年 137人 | 2年 140人 |
| ①主語・述語の不完全な対応 | 26% | 24% | 35% | 18% | 27% | 33% | 21% |
| ②不必要に長い文 | 11% | 16% | 10% | 7％ | 12% | 18% | 7％ |

では三九％だが、六年生になると五八％に増える。しかし、中学生になると再び四〇％以下に下がってしまう。この理由は、中学生になって文章構造が複雑になったことにもよるだろう。しかし、小学校に比べて、中学校で文章構成の指導が行われていないことも推察できる。

## 4　語と語の関係が明確で、分かりやすい文を構成できるか

表3-3はすべての児童生徒の文章のうち、「①主語・述語の不完全な対応」と「②不必要に長い文」を一つ以上書いた児童生徒の人数を調べた結果である。約四人に一人の小中学生が、主語と述語の対応しない文を書いている。また、約一割の小中学生が、不必要に長い「だらだら文」を書いている。驚くべきことは、小学生と中学生でほとんど違いが見られないことである。つまり、分かりやすい文を構成するための言語技術の指導が徹底しているとは到底思えないのである。

例4・例5は主語と述語の対応しない文である。小学生でも中学生でも同じような例が表れる。

**例4**〈主語と述語の対応しない例〉（小学五年）

ぼくは、医学のために動物実験をするのはよいと思います。（改行）理由は、動物や人間の将来、ガンや白血病がはやるかもしれない。

例5〈主語と述語の対応しない例〉（中学二年）

学校が全部の土曜日に休みになることに、僕は賛成です。理由は、友だちと遊んだり、家でのんびりできるから全部の土曜日が休みになるのに賛成です。

例6・例7のように、助詞が重複して不必要に長い文も、小学生にも中学生にも同じように表れる。

例6〈不必要に長い文〉（小学四年）

それに、学校にいっても、きゅうしょくがないから、家に、いた方がいいから、土曜日は、休みになるといいなと思いました。

例7〈不必要に長い文〉（中学一年）

二番目は、中学は、テストがしょっちゅうあるし部活もあるからあんまりのんびりできないから土曜日全部休みにして、（後略）

分かりやすい文を構成するための言語技術の指導も徹底しているとは到底思えない。

## 五　結論：コミュニケーション活動としての論理的表現の指導法の改善

「論理的表現」という話題で文章を書くことは、困難で恥ずかしい限りである。自ら論理的に表現することが至難の業であることを思い知らされるからである。責任転嫁するべきではないが、私が受けた長い学校教育の中で文章構成法をきちんと学ばなかったことも、その一因だろう。ただし、調査結果から推察しても、今の学校教育でも論理的表現の指導が行き届いているとは思えないのである。多くの日本人にとっても、教師にとっても論理的表現はこれからの課題なのではないか。

しかし、どんなに困難であろうとも、国際交流のためにもわれわれの相互理解のためにも、論理的表現の学習を積極的に取り入れていくべきである。

最後に、今までの調査研究の結果をもとに、コミュニケーション活動としての論理的表現の指導法の改善について提言してみたい。

1　意見文や報告文の学習を積極的に取り入れるべきである。

目的意識や相手意識の希薄な漫然とした作文では、コミュニケーションの役割は果たさないからである。環境問題や政治問題にも自分の意見を主張できるような子どもを育てたい。

2　意見発表のスピーチや討論の学習を積極的に取り入れるべきである。

作文に書いたことを口頭で発表し、批判や質問に答え討論をする過程で論理性が洗練されるのである。論理的表現を学ぶためには発表と討論が不可欠である。

3　読書や新聞・雑誌・テレビから情報収集する学習を積極的に取り入れるべきである。

人を説得するためには、広く深い情報収集が不可欠である。さまざまなメディアを活用して、協同的に取材活動する情報収集の学習を取り入れる必要がある。

4　分かりやすい文と文章を構成するための、文章構成の技能を指導するべきである。

作文でもスピーチでも、最も効果的に相手に意図を伝えるための文章構成の方法を指導する必要がある。ねじれた文やだらだら文を推敲する指導も取り入れるべきである。

5　児童生徒の表現に対する関心と意欲を刺激する教材を豊富に与えるべきである。

相手の心に訴える論理的表現に一番大切なのは、その話題に対する心からの関心と、人に伝えたいと思う意欲である。論理的形式は言うまでもなく大切だが、それ以上に大切なのはこのような関心と意欲を刺激するような指導法と教材を開発することである。

これらの指導法の改善が実現するためには、カリキュラムが変わり教科書が変わる必要がある。それとともに、教員養成や教員研修も実技や演習を主体にしたものに変わる必要がある。教師のできないことを子どもたちに伝えられるはずがないからである。

### 参考文献


1　有元秀文「国語科教育における論理的思考力の育成に関する研究——論理的思考力の育成をめざして——」、『国立教育研究所研究集録』第二七号、一九九三年

2　有元秀文「論理的表現力の育成に関する研究——コミュニケーション能力の育成を目指した調査と分析——」、『国立教育研究所研究集録』第二八号、一九九四年

3　有元秀文「コミュニケーション調査」、有元秀文編「国際化の進展に対応したコミュニケーション能力の育成を目指す、カリキュラムの開発研究」（小学校調査報告書）、国立教育研究所、一九九六年

4　有元秀文「コミュニケーション調査」、有元秀文編「国際化の進展に対応したコミュニケーション能力の育成を目指す、カリキュラムの開発研究」（中学校調査報告書）、国立教育研究所、一九九七年

## 4　未来を切り拓く、スピーチコミュニケーションの学習

### 一　なぜスピーチコミュニケーションか

未来を切り拓く子どもたちを育てるためには、スピーチコミュニケーションの学習を推進するべきだと思う。スピーチコミュニケーションとは、対話やスピーチやディスカッションなどの音声言語によるコミュニケーションである。

これからの子どもたちにスピーチコミュニケーションを学ばせたい理由は、子どもたちを取り巻くたいへんな状況の多くは人間関係に起因しているからである。この人間関係の問題は、人と人が話し合って解決するほかない。

例えば、学級崩壊と呼ばれる状況にあるクラスの父母に聞けば、教師や管理職に問題があると言い、教師に聞けば子どもや親に問題があると言い、管理職に聞けば、教師や親に問題があると言う。つまり、お互いがお互いに不信感を持ち、容易に越えがたい大きな溝が横たわっている。こういう状況が、学校だけではなくあらゆる組織や共同体に蔓延している。

こういう状況を解消するためには、何度も何度も話し合って、お互いが理解し合い、譲り合って問題を解決す

るしかない。
しかし、子どもたちも大人もコミュニケーションができなくなっているという。

## 二　なぜ子どもたちはだんだん話さなくなるのか

「コミュニケーション調査」を行った結果、学年が上がるにつれて、子どもたちが話さなくなる理由は、次の二点にあることが分かった。

①知識や正解を重視するようになり、ゆっくり話し合わせる余裕が少なくなるから。
知識や正解を詰め込むだけなら、コミュニケーションの必要などない。黙って暗記していればよい。だからだんだん話さなくなるのである。

②「話す方法」を教えないから
テレビで見ていると、スピーチのときに原稿から目をあげずに棒読みする日本人が多い。これでは国際社会で太刀打ちできない。

学校の先生方は、スピーチコミュニケーションの方法を教えているだろうか。

## 三　アメリカのスピーチコミュニケーション

スピーチコミュニケーションは、アメリカで発達した学問である。アメリカの一部の高校では選択科目として導入され、多くの大学では必修科目として導入されている。政治家の大半はディベートを学んでいるという。では、アメリカのスピーチコミュニケーションとはどういうものだろうか。これは、あるスピーチコミュニケーションの教科書の冒頭の物語である。

学生たちは議会に憤っていた。キャンパスの近くの工場が出す煤煙と悪臭に対して、何度も嘆願を繰り返したのに、議会は積極的な対策をとらなかったからである。

政治学を専攻していたクレアは、この問題について考え抜いた挙げ句、学生たちの権利を護ってくれる議員を送り込むしかないと考えた。そのためには、選挙制度を変えるしかない。シティーを五つの選挙区に分ければ、大学のある選挙区から議員を選出することができるのだ。クレアはこのシステムのもたらす利益と不利益や、他の都市の例などを調べた。次に、ルームメートのジョーンにこのプランを打ち明けた。最初は猛反対していたジョーンをクレアは深夜までかかって説得した。それからクレアはあらゆる機会をつかまえて次々に学生を説得し、とうとう学生新聞や学生大会で取り上げられるようになった。次に、自治会で何度も討論をし、委員会を設置し自ら委員長になった。委員会でも徹底した討議の果てに合意を得た。さらに、多くの市民を招いて討論集会を催した。町を挙げてスピーチと討論が頻繁に行われ、だんだんに支持者が増えてきた。住民投票のための請願に署名が集められた。ラジオやテレビでも討論が行われた。やがて請願が受理され、住民投票の結果、選挙制度が改正された。学生だけでなく町の人々は公正で公平な決定に満足している。（文献1、四～七頁から要約）

このフィクションには、民主的な過程を経て社会や政治が変わっていくための、様々なスピーチコミュニケーションの役割が描かれている。

表4－1　3種類のスピーチコミュニケーションの特徴

| | 人　数 | 親密さ | 公式さ | 聞き手の反応 |
|---|---|---|---|---|
| 対　　話 | 2 | 高い | 最小 | 最大 |
| 小グループ | 3～15 | かなり高い | 最小～中程度 | 非常に多い |
| スピーチ | 多数 | かなり低い | 通常は高い | 比較的少ない |

（文献1、154頁より作成）

## 四　様々なスピーチコミュニケーション

クレアがルームメートを深夜まで説得したのは「対話」である。委員会で行ったことが「話し合い」である。討論集会で説得したのは「スピーチ」である。

モンローたちは、この三種類のスピーチコミュニケーションを、表4-1のように分類している。

よくコミュニケーションというとディベートを思い浮かべる人がいる。しかし、ディベートは、これだけの広い視野をもったスピーチコミュニケーションの一角を占めるにすぎない。

もっと詳しく見ていこう。

### 1　対話：個人と個人のコミュニケーション

スピーチコミュニケーションでは、この対話を次のように定義する。

二人が、社会的な目的を達成するために交流したり、お互いに関心のあることについて考えや情報を交換したりする。（文献1、三四頁）

この対話を大きく分けると、ふだんの日常的な会話と、インタビューに分けられる。

インタビューとは、次のように定義される。

二人が予定して会合し、一方がまじめな意図を持って、もう一人から必要な会話を引き出す。（文献1、四八頁）

このインタビューには、販売やカウンセリングや診察なども入る。モンローたちが重視するのは、「情報収集のインタビュー」と「就職面接のインタビュー」である。

個人と個人が交流する対話には、次のような「社会的技能」が必要である。（文献2）

聞くこと、説明すること、自己主張すること、もめごとを解決すること

「聞くこと」は、相手の話をさえぎらないで共感しながら聞くことである。ピアカウンセリングと言って、子どもが子どもの相談相手になって、悩みを聞くときの訓練に用いられる。いじめられた子どもや性的被害にあった子どもが、上手に拒絶する訓練にも用いられる。「自己主張」は、自分の怒りや不満を率直に冷静に表現する技能である。「もめごとの解決」は、意見が食い違って暴力沙汰になるのを回避する訓練にも用いられる。身近な所では、いじめや校内暴力対策から戦争や紛争の調停まで用いられる。

これらの技能は、いじめや暴力に負けないで強く生きるためにどうしても必要な技能である。

## 2　スピーチ：公的なコミュニケーション

公的なコミュニケーションは、次のように定義される。

一人の話し手が多くの人に、比較的公式の口調と態度で、情報を提供したり、説得したり、楽しい話をしたりする。（文献1、一二三頁）

このスピーチは、楽しいスピーチ、情報提供のスピーチ、説得のスピーチ、人を感動させるスピーチに分けら

れる。また特別のスピーチとして、あいさつ、歓迎、送別、弔辞などがある。

## 3　小グループのコミュニケーション

これはグループ討論とも呼ばれ、次のように定義される。

人々が、協同的で組織的に、三人から十五人ぐらいで、意見を交換し合ったり評価し合って、ある課題について理解したり問題を解決したりする。（文献1、八八頁）

このグループ討論で、参加者数が多すぎて効率的にできない場合、次の四種類の「パブリックディスカッション」が行われる。

「パネルディスカッション」とは、三人から五人が、ある議題について司会の指示で討論し、聴衆から質問と意見を受ける。

「シンポジウム」とは、三人から五人が、同じ課題について短いスピーチをする。その後で、お互いに討論し聴衆から質問と意見を受ける。

「オープンフォーラム」とは、一人が比較的長いスピーチをした後、司会の指示のもとに、聴衆が質問や意見を述べる。

「パブリックディベート」とは、一人以上の人が、ある提案や意見を擁護する側に割り当てられて意見発表し、反対意見に対して防御する。または、グループ全体が、会議の規約のもとに課題について議論して決議する。（文献1、五八五～五八七頁）

## 五　スピーチコミュニケーションを学ぶために

このようなアメリカのスピーチコミュニケーションからどんなことが学べるだろうか。

第一には、「話す意欲」である。

日本人は長い間読み書きばかりを重視してきた。日本人の中には、長時間会議に出ていても最後まで黙っている人が少なくない。これでは今まではともかく、これからの社会に生き抜いていけないだろう。強く生きる子どもたちを育てたかったら、話す力を育てるべきである。

第二には、「相手に伝える意欲」である。

日本人が原稿を棒読みしたり、だらだらと最後まで言いたいことが分からない話をするのは、相手に伝えようとする意欲が弱いのである。

第三には、「討論の意欲」である。

日本人には、分からないことは質問し、おかしいと思ったことは批判し、お互いに意見を交わし合って問題を解決する訓練が欠けている。だからすべての意志決定が遅いのである。

それでは、子どもたちにどのようにしてスピーチコミュニケーションを教えたらよいのだろうか。

スピーチを学ぶためには、すべての子どもに週一回はスピーチの練習をさせるとよいと思う。低学年の内は、自由に話させた方がよいだろう。そして、だんだんにスピーチの原稿を、論理的な構成で書かせるとよい。意見文なら、まず主張を書き、次に理由を書き、さらに具体例を挙げ、最後に結論を述べるような論理的なアウトラインを教えるべきである。原稿ができたら、なるべく聴衆を見てスピーチをする練習をする。スピーチの後には必ず質問をさせるべきだ。この質問の受け答えができないと討論ができないからである。

対話を学ぶためにはロールプレーを取り入れるとよい。黒柳徹子やタモリのインタビューを見せて、先生や友だちを練習台にしてインタビューするとよい。友だちがいじめられているという状況設定をして、相手に共感しながら悩みを聞く練習をしたり、意見が対立したときにお互いに譲り合う練習をするのもよい。

「話し合うこと」を通してしか、人と人が心を通わせることはできないのである。

### 参考文献


1　A. H. Monroe & D. Ehninger, *Principles and Types of Speech Communication*, Scott, Foresman and Company, 1974.

2　O. Hargie, C. Saunders & D. Dickson, *Social Skills in Interpersonal Communication*, Routledge, 1994.

## 5　目立つ「読む力、書く力の不足」をどう補うか

今の子どもたちには「読む力」も「書く力」も「感じ取る力」も「わかりあう力」も不足している。このことは、今学校が直面している子どもたちのさまざまな問題行動に深くかかわっているのではないか。

国立教育研究所で行った調査結果をもとに、これらの「生きる力」の基礎を培うための学習指導法を提案したい。

### 一　問題行動の背景にある「コミュニケーション不全」

今までにないことが教室に起きている。学校長や教育委員会に対する父母からの苦情も多いという。この状況に苦慮している先生や管理職は多いはずである。

なぜ、こうなってしまったのだろう。学校や先生は今までと同じように、いや、今までよりはずいぶん工夫して教えているのだから、学校や先生方ばかりのせいであるはずはない。

ある精神科医は、すべての問題行動の背景に子どもたちの「コミュニケーション不全」があると言う。

「コミュニケーション不全」とは、人の話を聞いて人の気持ちを感じ取ったり、自分の気持ちを率直にきちん

と伝えあったりすることができないことである。いじめも不登校も校内暴力も、うまくコミュニケーションができないから起きるのだと言う。その原因は、そもそも親や教師などの子どもたちに対するコミュニケーションがおかしいからだと言う。

別の精神科医は、すべての問題行動の背景にあるのは、今の子どもたちが小さいときに十分に友だちと遊んでいないことだと言う。少子化と早期教育の過熱で、小さいときに十分に友だちと遊んでいないから、コミュニケーションがうまくできないと言うのである。

ともかく、子どもたちのコミュニケーションがおかしくなっているのは間違いないだろう。

ここで私が使う「コミュニケーション」の意味は、「言葉を使って人と人が理解しあったり課題を解決すること」である。具体的に言えば、人の話をよく聞いて人の気持ちを感じ取ったり、人の考えを理解したり、不満なことがあったら相手によくわかるように冷静に説明したり、話しあって問題を解決したりすることである。

つまり、コミュニケーションとは「伝えあい、感じあい、わかりあうこと」である。

このコミュニケーションは「生きる力」の基礎である。

人の気持ちを感じ取ることができたら、教師のことをののしることはできないはずである。自分の気持ちがきちんと表現できたら、不満があるからといって学校の器物を壊したりしないはずである。人の気持ちが理解できたら、人をいじめて楽しいと思ったりするはずがない。

だから、コミュニケーションがうまくいかないというのは、人として育ち損なっているということである。育ち損なっているのは、もちろん大人が育て損ねた結果に違いあるまい。子どもが初めから育ち損なっているわけはないのだから。

子どもたちが育ち損なってしまった原因には、幼児期からの家庭の影響が大きいはずである。しかし、家庭に責任を帰しても何の解決にも結びつかない。

子どもたちのどこに問題があるのだろう。学習指導のどこに問題があるのだろう。今、学校や先生にできることは何だろう。

## 二　「読む力、書く力、わかりあう力」の不足が根底にある

コミュニケーション不全とは「伝えあい、感じあい、わかりあう力」の不足である。その基盤には「読む力、書く力」の不足が深くかかわっていると思う。

### 1　「読む力」の不足

まず「読む力」の不足である。

平成元年度から五年度にかけて国立教育研究所が調査した「基礎学力調査」では、「読解」について多くの小・中学生に次のような傾向があることがわかった。

・文と文の関係や段落と段落の関係をきちんととらえることができない

・文章を読むときに漠然とした印象でなんとなく直感的にとらえようとする

子どもたちは少し長い文章になると全体の流れをつかむことができない。いや、一文の中ですら、少し文が長くなると主語と述語を見つけ出すこともできない子どもがたくさんいる。

さらに、明らかになったことは、たくさん読書をする子どもほど国語の基礎学力の総得点が高いことである。ところが、一番読書量が多いのは小学生で、中学生、高校生と上に上がるにつれて読書量が激減する。これでは思考力が育つはずはない。

## 2 「書く力」の不足

次に「書く力」の不足について考えてみよう。

平成五年度から九年度にかけて全国の小・中学生を対象に国立教育研究所で行った「コミュニケーション調査」では、次のような書く力の不足が明らかになった。

・主語と述語が対応しない「わかりにくい文」を書く児童・生徒は、小学生でも中学生でも二〇%から三〇%いる

・だらだらと不必要に長い文を書く児童・生徒は、小学生でも中学生でも一〇%前後いる

・わかりにくい文章構成で書く児童・生徒は、小学生の約五〇%だが、中学生になると約七〇%に増加する

「きちんとした文」とは、「何が」「どうしたか」が明確にわかる論理的な文である。「きちんとした文章」とは、意見文なら主張と根拠の関係が明確にわかる論理的な文章である。

論理的な文や文章が構成できないということは「論理的な思考」ができないということである。そして、この「論理的思考」は社会生活にどうしても必要な最低限の「生きる力」である。

だから論理的な文や文章が書けないということは、子どもたちのさまざまな問題行動と深くかかわっているはずである。「むかつく」から、いじめたり暴力を振るうという衝動的な問題行動には、論理的思考のかけらもな

い。

### 3 「わかりあう力」の不足

前述のコミュニケーション調査では、子どもと子ども、子どもと教師のコミュニケーションについても調査した。

その結果、次のような「わかりあう力」の不足が明らかになった。

・「友だちとの会話で、人の話をよく理解すること」に自信がある小学生は三分の一しかいない。中学生になるとさらに激減して五分の一しかいない
・「授業や学級活動で、自分の意見をわかりやすく話すこと」に自信がある小学生は一五％しかいない。中学生になるとさらに激減して四％しかいない
・「先生の話を聞いてよく理解すること」に自信がある小学生は一六％しかいない。中学生になるとさらに激減して八％しかいない

子ども同士も子どもと先生も「お互いの心を通わせる」ことができないのである。

## 三　これまでの学習指導に問題はないか

なぜ子どもたちには「読む力、書く力、わかりあう力」が不足しているのだろう。基礎学力調査やコミュニケーション調査で行った教師に対する調査結果から、次のような理由が推測できる。

「読む力」が不足する最大の理由は、子どもたちの読書量が激減していることにある。そのために、長時間の「論理的思考」に耐えられず、瞬間的で反射的で直感的な思考しかできなくなっているのである。

そういう子どもたちに対して、多くの国語の授業では、一時間に一ページしか進まないような極端に精読式の授業が行われている。これでは読む力がつくはずはない。なぜなら、読む力は読んだ量に比例するからである。「読む指導」にも問題がある。内容や気持ちばかりを重視して、子どもに勝手な意見を言わせて終わる授業が多い。これでは文章や言葉をきちんと読むことはできない。

「書く力」が不足する最大の理由も、子どもたちが本を読まなくなったからである。インプットがなくてアウトプットがあるはずがない。もう一つの理由は、きちんとした文や文章を書く学習が行われていないからである。子どもに頻繁に作文を書かせている教師も少ない。

「わかりあう力」が不足する最大の理由は、小さいときから家族や友だちとのコミュニケーションが決定的に不足しているからである。しかも、授業でスピーチや話しあいを積極的に取り上げている教師は少ない。なぜなら、ほとんどの教師自身がスピーチや話しあいを学校で教わったことがなく、どうやって教えたらよいかわからないからである。

だからといって、ただでさえ忙しい先生方をこれ以上忙しくしてはいけないと思う。私は、逆にもっと手を抜いたらよいと思う。あまりにもきまじめに教えこもうとしていることが、かえって子どもの自発的なコミュニケーションを損なわせているのではないだろうか。

## 四　一番の関心事に目を向けさせる

### 1　「読む力」を育てるために――教科書を隅から隅まで事細かに教えこむ指導を改める

すべての教材にすべての子どもが興味を持つことはありえない。まったく興味のない教材を繰り返し音読させられたり、いっぺん読めばわかるような作品を十時間も二十時間もかけて読まされる子どもの身になってほしい。どうしても子どもに学んでほしいことは、「読むことが好きになる」ことである。「もっとほかの本を読みたくなる」ことである。

だから、教科書教材の扱いは子どもたちが一番関心を持てるポイントに絞って、子どもたちが自分から興味を持って調べたり発表したり話しあうようにするとよいと思う。大胆に教科書を離れ、子どもたちが興味のあることについて調べさせるとよいと思う。教科書ばかりを丹念に教えこもうとするから、多くの子どもたちが読書嫌いになってしまうのである。

もっと自分の好きな本を自分で探させ、自分の興味のあることを興味の向くままに調べさせるとよいと思う。読むことが好きになり、自分からたくさんの本を読むようになれば、長い文章をきちんと読み取る力も自然についてくるのである。

### 2　「書く力」を育てるために――子どもが一番興味を持っていることについて書かせる

「書く力」を育てるために一番大切なことは「書くこと」が好きになることである。「書くこと」を嫌いにさせたかったら、子どもの興味のないことについて強制的に感想文を書かせればよい。

「書く力」の基礎は「読む力」である。「読む力」の原動力になるものは「心から興味を持つ」ことである。「心から興味があること」は釣りであってもサッカーであってもよい。一番興味のあることについて調べ、発表し、書く活動をもっと取り入れるべきである。そうすれば、きちんとした文章を書く力も自然についてくるはずである。

## 3 「わかりあう力」を育てるために——子どもたちの心を解放し、一番興味のあることについて話しあわせる

「わかりあう力」を育てるためには「子どもたちの心を解放すること」が一番大切である。心が解放されていなければ、自然な相互交流のコミュニケーションは生まれない。

心を解放させるためには、一番興味のあることについて話しあわせることが大切である。どんなに大人にとって大切なことでも、子どもにとって興味がなければ子どもは心を開いて語らないだろう。語りあう習慣が身につかなければわかりあう力も身につくはずがない。

そのためには、教科書教材のすべてについて意見を言わせようとするのではなく、どの子にもわかりやすい、多くの子どもが興味を持ちそうな課題に絞って話しあわせるとよい。

話しあわせる方法も、いきなり大人数の中で話しあわせるのではなく、まず二人でペアを組んでお互いについて質問しあったり、五、六人の少人数で話しあったりして、だんだんに話しあいに慣れさせていく必要がある。

低学年のころから、順番に毎日のように、子どもたちが興味を持っていることについて、スピーチを繰り返させることも有効である。

## 五　自己研修・校内研修の改善と「教師の多忙」の解消が急務

子どもたちの「読む力、書く力、わかりあう力」を育てるためには、教員の自己研修と校内研修がどうしても必要である。

一番大切なのは、よい授業をたくさん見ることである。少々遠くても公開授業を見に行けるような、教師のゆとりをつくっていただきたいものである。

次に必要なのは、教師同士の相互批判である。

さらに、校内研修のありかたを「演習型」に変えるべきである。講師を招いて教師自身が「読む」学習や「書く」学習や「スピーチ」や「ディベート」や「ロールプレイ」を自分でやってみて指導を受けるとよい。なぜなら、自分にできないことを人に教えられるはずはないからである。

それにしても先生方が忙しすぎると思う。学校に「楽しい心の交流」を生み出すためには、まず、教師の多忙を軽減し、教師が子どもたちと語りあったり一緒に遊んだりするゆとりを生み出すのが先決である。また、教師が十分な教材研究や自己研修や校内研修に取り組めるような時間のゆとりもつくらなければならない。

そんなゆとりを生み出すためには、学校も行政も政治も、教師の多忙を解消する取り組みを緊急に始めるべきである。学校では、いろいろな行事やセレモニーが「本当に子どものためになっているのか」を点検し、縮小するべきだと思う。行政や政治は、先進国の中では極端に多い学級定数を大幅に減らす取り組みを緊急に推進するべきである。

学校や教師ばかりを非難しても今の危機的状況の解消には決して結びつかない。教師の多忙とストレスを軽減する対策に早急に取り組まないかぎり、学級崩壊や校内暴力は解消することなく、教師の「燃え尽き症候群」が深刻化するばかりだと思う。

# 6　読書とコミュニケーションが学校を変える

## 一　今、読書教育に取り組まないとどうなるか

一部の学校で読書教育が活発化している。全校で熱心に取り組み始めた学校もある。山形県では、かなり以前から「朝読みの町」などと言って、町をあげて一斉読書をやっている例もある。

しかし、全国の大部分の学校では、残念ながら積極的な取り組みが少ない。朝の一斉読書に全校で取り組もうとしても、「やはり、朝学習でドリルをやらせたい。」などという声が強く、実行できないこともあるようである。

なぜ、多くの学校では、全校で読書教育を進めようという機運が生まれないのだろう。それは、子どもたちの現状に対する危機感が薄いからだと思う。

今、読書教育に積極的に取り組まないとたいへんなことになると思う。その理由は、歯止めのかからない子どもたちの「心の荒れ」を解消するためには、読書教育がもっとも有効だと考えるからである。

岡山のバスジャック事件を始め、金属バット殴打事件など数々の少年の凶行が続発している。家庭内暴力にたまりかねた母親が少女を刺殺して自殺した、いたましい事件もあった。われわれがただ驚いているばかりで、何の処方箋も生まれてこないのでは困る。

事件の全容が解明されるまで待っていることはできない。毎日子どもたちと接する、教師や親は、事態を分析して早急に対策を講じるべきである。個々の凶行事件の背景には、複雑な事情があるだろう。しかし、頻発するからには必ず共通の要因があるはずである。事件に共通するものは、子どもと家庭のコミュニケーションが希薄で、子どもと教師、子どもと子どものコミュニケーションも希薄なことである。凶行を起こすに至るまでには、家庭内のコミュニケーションに最大の原因があるだろう。しかし、学校内の暴力やいじめも重要な要因として関与している可能性がある。学校のコミュニケーションの不足は、子どもたちの荒れの誘引になりうるはずだ。

子どもたちのコミュニケーションを改善するためには、読書が一番大切である。その理由は、コミュニケーションは言葉を使わなければできないからである。言葉は無から生まれてこない。古来、人は、幼児期には父母の言葉を聞き、祖父母や父母の物語や読み聞かせを聞きながら、言葉を覚えてきた。長じても、人が質の高い言葉を習得するのは、読書を通してしかない。質の高いコミュニケーションができる人は、必ず読書家である。

多くの教師が、子どもの語彙が極端に乏しいことに気づいている。よく気をつけて観察してみれば、小学校の低学年から友だちや先生とも普通の対話ができない子どもが、教室に数人はいることに気づくだろう。対話ができないだけでなく、終始落ち着きがなく、人が見ていても授業に専念できない子どもも増えている。こういう子どもたちは、三世帯同居の多い農村部には少なく、都市化の進んだ核家族の多い地域でよく見かける。つまり、家庭のコミュニケーションに問題があるのだろう。こういう子どもたちは自分の感情や考えを表現する言葉が極端に少ないのである。

## 二　子どもの心を育てる読み聞かせや一斉読書や詩の暗唱

その低学年の子どもたちは、学年が変わり担任が代わったとたんに荒れだした。見かねた母親たちが読み聞かせを始めた。当初は、落ち着いて座っていられない子どもたちを後ろから母親が抱きしめながら読み聞かせをやったこともあるという。学校長や教師も積極的に取り組み、毎朝読み聞かせを続けたときもあった。一年間に七十冊近くの本を読み聞かせた。今、二年経って、その学年の子どもたちが読み聞かせを聞いているところを見ると、荒れていたということが嘘のようである。どの子どもも一心に読み聞かせする母親や先生の方を凝視している。

なぜ子どもたちは落ち着いたのだろう。母親たちはただ漫然と本を読んでいたのではない。子どもたちが喜ぶ本、子どもたちのためになる本を懸命に選書したのである。荒れていたころは、短くて楽しい絵本ばかりを読んだ。だんだんに中身の濃い本に切り替えていった。荒れを先導していた子どもたちが、いつのまにか最前列で聞くようになった。

どうして、読み聞かせによって、こういう変化が起こるのであろう。まず、読み聞かせは楽しいからである。物語が子どもの心を遊ばせるからである。子どもたちがゲームや漫画に熱中するのも、物語性が子どもの心をとらえるからである。冒険や戦いやファンタジーが子どもの心を楽しませるからである。子どもにとってアニメを見ることはたやすいけれども、文字で本を読むことは容易なことではない。教師や母親に読んでもらえば、子どもたちは容易に物語の世界に入れる。温かい人の声で、人の心のぬくもりを感じながら物語を楽しめるのである。

また、世界と日本の子どもの本は無数にある。子どもの心をとらえ、子どもの心を育てる良書も数限りなくある。その中から、親たちが懸命に選んだ本が子どもたちの心をひきつけないはずはないのである。

一斉読書によって学校や学級の荒れが収まったという報告も多い。目先のことを考えれば、ドリルをやらせた方がいいと思うだろう。しかし、漢字ドリルだけをやっていても本を読まない子どもは、実際の場面で漢字を使うことができない。読書の効果は、読んだ時間だけにとどまらない。いったん読書の習慣が身につけば、その子どもは「読書習慣」という生涯の財産を獲得するのである。

また、山形でよく行われている詩の暗唱も読書教育として有効である。これは、一か月や一学期に一回、子どもの発達段階に合った詩を教師が指定して子どもに暗唱させるのである。子どもは、大人が信じられないほどの早さで詩を暗唱できる。これは子どもの天分である。そしていったん覚えた詩の言葉は、子どもたちの血や肉になって、生涯のコミュニケーションの基礎となる。欧米の母国語教育では、詩の暗唱が必ず行われる。暗唱した詩を群読するのも効果的だろう。暗唱詩をやっている子どもたちは、抜群に発表力が高い。言葉を覚えているから自信を持って発言できるのである。子どもに元気よく発言させたかったら、暗唱詩を取り入れることをおすすめしたい。

## 三　「総合的な学習の時間」に必要な読書教育

「総合的な学習の時間」の導入に伴って、学校外の人材を活用する動きが盛んである。母親たちの読み聞かせ運動も盛んである。ちょっと調べて見れば、どんな地域にも読み聞かせのボランティア団体があるはずである。読み聞かせできる時間は、朝学習の時間や読書の時間、教師の出張の時間などいくらでもある。大事なことは、ボランティアに任せきりにしないで、教師も共に学びながら読み聞かせに参加することである。毎日授業を持っている教師は、その気になればいつでも読み聞かせを実行できるのである。すべての教師が毎日五分でも読み聞かせをしたら、日本の学校は変わっていくだろうと思う。

読み聞かせを「総合的な学習の時間」に取り入れることも可能である。「総合的な学習の時間」には、「読書」が例示していないため、筋違いだと思っている人もいるらしい。そうではなくて、読書指導は学校生活全体であらゆる機会を見つけて推進することなのである。とりわけ、「総合的な学習の時間」で様々な体験活動を行うときには、情報収集活動として読書活動と組み合わせる必要がある。地域や自然を調べるときにも、様々な体験活動をするときにも、図書館に行って本で調べる活動を組み合わせてほしい。そうでないと、せっかくの「総合的な学習の時間」が体験だけに終わり、学力の低下につながりかねない事態も起こりうる。

「総合的な学習の時間」の趣旨を生かし、本当に生きる力を育てるためには、読んだり書いたり話し合ったりする総合的な言語活動が必要である。体験だけに終わってしまっては、学力の保証はできないだろう。

## 四　国語の授業で読書好きを増やすために

国語の教師はみんな知っていることだが、国語の学力は読書量に比例する。国立教育研究所が行った基礎学力調査でも、読書量が多いほど国語基礎学力が高い。アメリカで行われた様々な調査でも、読書量が多い子どもは語彙やスペリングの成績が高いことが分かっている。

にもかかわらず、国語教育で読書教育を推進しようという声は決して強くない。その理由の一つは、教科書の作品を教えることで、読書教育をやったような錯覚に陥っているのではないかと言われている。教科書には、時代を経ても風化しないすばらしい作品が掲載されている。教科書教材を学ぶことは計り知れない効果があるはずである。しかし、長い間教科書で文学作品に親しんでも、読書好きは増えないのである。そればかりか、小学生以降、子どもたちの読書量は、中学・高校へ進学するにつれて激減し、高校では六割から七割の生徒が一冊も本を読まない。もちろん、本を読まない大人もたくさんいる。家に本棚のない家庭も少なくないそうだ。

なぜ、国語の授業は、読書好きを育てないのだろう。理由は、簡単である。子どもが自由意志で本を読めないからである。子どもの好き嫌いにかかわらず読まされる。多感な時期に、人前で話したくない自分の内面を語ったり、感想を書かされたりする。一回読めば分かる話を、子どもの興味関心に関わりなく長い時間をかけて読まされる。これでは読書に興味を持つはずはない。

国語の教科書教材の指導を根本的に見直す時期であろう。子どもが、読むことに興味・関心を持つことを最優先して、単元を構成するべきである。正確な読解は大切だが、細かすぎる読解は子どもの関心をなくさせる。細かな読解作業をしても、子どもの血肉になる国語力はつかないのである。大きなポイントにしぼり、子どもが読むことに興味を持つように進めていくとよいと思う。例えば、環境教材なら、教科書教材は簡潔に終わって、グループごとに調べ学習をやって発表・討論させる。低学年なら、劇やポスターセッションを取り入れ、自分たちが主体的に活動できる場面をたくさん作ってやる。高学年なら、パネルディスカッションやディベートを取り入れるとよい。国語の授業に興味を失う最大の理由は、受け身の活動が多いからである。国語の授業がきっかけになって、子どもたちの読書への関心が育ち、学校生活全体で、前述のような読書教育を推進していけば、子どもの心を育て、しかも子どもの基礎学力を高めることもできるのである。

ぜひすべての学校で読書教育に取り組んでほしいと思う。そして、特色ある読書教育を推進している学校があったら、ぜひお知らせいただきたい。読書教育について情報交換するネットワークが必要である。

# 7　コミュニケーションに必要なカウンセリング・スキル

## 一　なぜ、コミュニケーションにカウンセリング・スキルが必要か

コミュニケーション・スキルのほとんどは、カウンセリングのスキルでもある。コミュニケーション・スキルを学ぶためにはカウンセリングの訓練を受けるとよい。こう信じるようになったのには、長い道のりがある。

私がコミュニケーションということを深く考えるようになったきっかけは、十数年前、日本語教育からの影響である。当時、日本語教育ではコミュニケーションを重視したコミュニカティブ・アプローチが導入されようとしていた。文型練習を重視した従来の日本語教育では、実際の場面でコミュニケーションできるようにならない。そこで、もっと日常のコミュニケーションに役立つ日本語教育をめざしたアプローチが提唱された。これは、国語教育でも同じことである。国語教育に膨大な時間をかけても、実際の日常生活でのコミュニケーションがうまくできるようにならなくては、意味がない。

その後、国語教育でも音声言語教育が重視されるようになった。その背景には、英語教育や産業界からの要請がある。英語の授業で、子どもたちが積極的に発言できない理由は、国語教育に責任があるという批判がある。母国語できちんと意見が発表できないで、外国語で意見発表ができるはずがない。だから、国語教育でも論理的

な表現力を重視した発表や討論を取り入れてほしいというのだ。外国通の人々から、日本人の消極的で曖昧なコミュニケーションでは、国際社会で通用しないという批判も強い。産業界からも、新入社員がプレゼンテーションができなかったり相手に分かるような文章が書けないという批判が繰り返された。

コミュニケーション研究を始めた頃の私の目標は、このような、国際社会で通用するコミュニケーション・スキルを育成することであった。つまり、自分の意見を論理的かつ積極的に発表したり、討論によって問題を解決するスキルに重点を置いていた。

しかし、「コミュニケーションとは意見発表や討論だけであろうか。」という疑問が起きてきた。その頃、深刻ないじめによる自殺事件が頻発した。欧米でも、日本と同様ないじめ問題があり、本格的ないじめ対策が行われていることを知った私は、オーストラリアやイギリスで調査を行った。その結果、欧米のいじめ対策では、カウンセラーが子どもたちにカウンセリング・スキルを教えて、いじめや暴力の解消を図っていることがわかった。

私自身が、既に三度のカウンセリングの講習を受けて思うことは、カウンセリング・スキルの大部分はコミュニケーション・スキルなのである。相手の話を受容し共感して聞くということは、カウンセリングでもっとも重要なスキルの一つである。自分の感情や意見を相手に伝える方法も、意見が対立したときに双方が納得のいくような解決を見いだす方法も、すべてカウンセリング・スキルである。このようなスキルを、欧米の学校では、ソーシャル・スキル（社会的技能）などと言って、体系的・計画的に教えていることが多い。ソーシャル・スキルとは、日常生活に必要なコミュニケーション・スキルである。

つまり、コミュニケーションには、大別して二種類がある。第一は、国際社会に通用するための、論理的表現を重視したスピーチやディベートのようなパブリックコミュニケーションである。第二は、毎日の生活に必要な、カウンセリングで教える受容や共感を重視した対人コミュニケーションである。二種類のコミュニケーションの焦点は違うが、目的は同じ「相互理解」である。いくら論理的であっても、相手の気持ちを理解しないで、一方的にまくしたてるだけでは、相互理解は果たせない。相手の考えと気持ちを傾聴するカウンセリング・スキルが必要である。

## 二　キレやすい子どもたちのためのコミュニケーション・スキル

カリフォルニアで、私にとっては三度目のカウンセリングワークショップに参加してきた。帰国すると、日本では、少年による前代未聞の凶悪事件が頻発している。「キレやすい」という言葉が多用され始めたのは、ナイフによる少年の殺傷事件が頻発した一九九八年ごろのことである。私は、当時は精神科医だった水島広子さんの論文に心をひかれ、九八年のこの連載に引用した。その後、二年たっても、なんの解決策も見いだされず、問題ははるかにエスカレートしている。水島さんの論文を再度引用してみよう。

摂食障害であれ、ナイフ事件であれ、そこに共通するものはコミュニケーション不全である。自分のストレスを言語的に表現できず、病気や問題行動を通してしか訴えることができないのである。

感情を適切な方法で表現し、他者と共有したり交渉したりしてゆくことがスムーズにできない場合、感情は消えてしまわずに蓄積され、不自然な形で爆発する。感情をいかに自然な形（通常は言語によって）で表現できるかというコミュニケーション能力が、その人の人生の質を決めると言っても過言ではなかろう。

（『朝日新聞』一九九八年四月八日、論壇）

欧米で行われているソーシャル・スキルの訓練には、このような自分の感情を表現するコミュニケーション・スキルが含まれる。これは、アサーション（自己表現）トレーニングと呼ばれ、わが国でも実践が始まっている。例えば、いじめられる子どもは、いじめを拒絶することを言葉で表現できない。いじめる子どもも、自分の不満や怒りを言葉で表現することができない。アサーショントレーニングとは、これらのコミュニケーション・スキルを練習して身につける方法である。

この夏に、私が参加したワークショップでも、ある講師がこう言っていた。「子どもたちがキレる原因ははっきりしている。頭の中にいろいろな不満や怒りがいっぱいあるのに、言葉で表現することができないからです。」この子どもたちがコミュニケーションのレパートリーを広げて、怒りや不満を言葉で表現できるようになれば、突然の感情の暴発は防げるはずなのである。

私が調査したオーストラリア、イギリス、アメリカの学校では、どこでも広くソーシャル・スキルの訓練が行われている。日本でも、キレやすい「コミュニケーション不全」の子どもたちのコミュニケーション・スキルを改善するために、ソーシャル・スキルのプログラムを早急に取り入れる必要がある。

## 三　自分を表現し相手をわかってあげるコミュニケーション・スキル

カリフォルニアのカウンセリングワークショップでは、自分の思いを表現し、相手をわかってあげるための練習が行われた。

その一つは、自分の喜怒哀楽を全身で表現する練習である。数人のグループに分かれ、一人が自分の現在の感情をグループの仲間に言葉を使わないで表現する。その方法は、「タタタタ」とか「チャチャチャチャチャ」などの意味のない音を、適当なリズムをつけて発音しながら、全身の身振りを使って、自分の感情を表現する。グループのほかのメンバーは、よく見て聞きながらどういう感情を表現しているかを推測して言うのである。表現した人に向かって、見ていた人が、相手の感情を推測して、「あなたは、今、楽しいのでしょう。」とか、「あなたは、今、不満がいっぱいあるのでしょう。」とか言うのである。これは、言葉以外の表情や動作や声の大きさや調子や抑揚などの情報によって、「自分の感情を表現し」「相手の気持ちをわかってあげる」練習である。

調査によれば、人間のコミュニケーションで、こういうノンバーバル（非言語）の情報量は九〇％以上だという。キレる子どもは、言葉では表現できないで、言語以外の動作や表情や音調で自分の感情を表現しているはずである。親や教師は、子どもたちのこういうサインを読みとる練習をする必要がある。また、同時に、子どもたちに自分の感情を表現するコミュニケーション・スキルを教えなければならない。そのためには、まず、大人自身が「自分の思いを表現し」「人の気持ちをわかってあげる」コミュニケーションの練習をする必要がある。とりわけ、自分の感情を抑制する訓練を積んできた日本人は、自分の思いを表現するコミュニケーションが不得手なはずである。一方的に話す機会の多い教師には、黙って相手の「気持ちをわかってあげる」コミュニケーションは苦手なはずである。

こういう非言語のコミュニケーションは、従来の国語教育の範囲を越えている。しかし、例えば、「総合的な学習の時間」で地域にインタビューに行くような活動を取り入れたとき、非言語のコミュニケーションがどうしても必要になる。インタビューは、国語教育の「話すこと・聞くこと」の範囲に入る。しかし、地域の人にインタビューして、相手の動作や表情が読みとれなくてインタビューができるであろうか。インタビューの相手が忙しいか、疲れているか、聞かれたくないことかどうか、そういうことは非言語の動作や表情で読みとるほかはない。子どもたちが、電話でインタビューの依頼をするような機会があれば、なおさら、相手の感情を汲み取る練習が必要である。「総合的な学習の時間」の新設によって、子どもたちに非言語コミュニケーションも含めた、コミュニケーション・スキルを教える必然性が高まってくる。

## 四　私とあなたがわかりあうコミュニケーション・スキル

カウンセリングのワークショップで行われた、相互理解のためのコミュニケーション・スキルの練習法を紹介しよう。小学生でも大人でも容易に実行できる方法である。この目的は、相手の話の内容をよく聞き、相手の気持ちをよく聞き取って相手に共感する練習である。

1　なるべくよく知らない人とペアを組む。

2　相手に、次のような質問をする。

・あなたの名前は？　名前について何か話してください。
・あなたの仕事を一言で言ったらどんな仕事ですか。どんな苦労がありますか。
・あなたが一番誇りにしていることはどんなことですか。

3　次に一枚の絵を見せる。絵の中央には大きな木が描かれている。この絵には、十一人の子どもが描かれている。木の上で昼寝したり木のうろに頭をつっこんでのぞき込んだり木に登る子どもの手を引いて助けたり、木の上で遠くを眺めたり木から落ちたり、全員が違う行動をとっている。

この絵を見せた後で次の質問をする。

・グループで活動するとき、あなたはどのタイプですか。

4　インタビューが終わったら、みんなの前で、インタビューされた人が椅子に座り、インタビューした人は、背後に立って座った人の両肩に両手を置く。

5　インタビューした人は、インタビューされた人に成りきって自己紹介をする。このとき、聞き取った内容だけでなく、相手の気持ちがよく伝わるように話す。

質問内容は、相手によっていくらでも変えることができる。どの質問も、自分をさらけだして、自分の生き方について率直に語ることができるように仕組まれている。このロールプレイは、率直に語る人の思いを受け止めて共感し、相互理解するための練習である。

少年の凶悪事件が続く中で、多くの人に糾弾された事件があった。濁流の渦巻く中州で酒盛りをしていた若者が、救助隊員の懸命な努力によって救出された。記者が少年に向かって「救助隊員の人に何か言うことは？」とマイクを向けると、何を憤ったのか、少年は、怒りを露わにして「知らねえよ。俺たち勝手に帰れたろ。ばかやろう。」と記者を怒鳴りつけた。

少年は何を怒っていたのだろう。この少年のコミュニケーションのありかたは、われわれの理解を超えている。これでは、相互理解どころではない。

救助隊員が命がけで濁流を渡り救助してくれたら、心から感謝するのが、人間のコミュニケーションである。あいさつとか感謝の言葉は、相互理解のための基本的なコミュニケーションである。今までは家庭や地域で習得していた基本的なコミュニケーションを学校で教えなければならない時代がやってきた。

# 8　メディアの暴力を批判するためのメディアリテラシー教育

## 一　メディアリテラシー教育とは何か

メディアリテラシー教育とは、テレビ・ビデオ・インターネットなどから流される情報を批判的に読み取り、創造的に活用することを教える教育である。

メディアとは、情報を伝える道具である。本も雑誌も新聞もメディアである。しかしメディアリテラシーというときは、テレビ・ビデオ・インターネットなどのニューメディアの情報を指すことが多い。なぜなら、子どもたちはニューメディアの情報にさらされむしばまれているからである。

欧米でメディアリテラシーというときは、テレビから流される、殺人・暴力・セックス・ドラッグなどの有害情報に対して、子どもたちが批判的に対応できるようにするための教育を指すことが多い。なぜなら、欧米ではメディアから流される有害な情報に対して、市民の批判が日本とは比べ物にならないほど強いからである。

先進国の中で、昼間子どもの見ている時間に堂々とアルコールやたばこのコマーシャルが流れるのは日本だけである。ポルノが雑誌や新聞に氾濫しているのも日本だけである。

このような有害情報から、子どもを守るためのメディアリテラシー教育は、日本は欧米にはるかに立ち後れている。

## 二　文字情報ばかりが国語ではない

なぜ国語教育は、文字情報ばかり扱うのだろう。子どもたちが一番、長い時間ふれているメディアはテレビやビデオやコンピュータゲームである。国語教育は、子どもたちの日常とあまりにもかけ離れているのではないか。子どもたちが、長い時間接し、最も好む、テレビやコンピューターというメディアとかけ離れた教材を、国語教育は与えている。国語教材は膨大な書物の海を背景にした氷山の一角である。だから、国語教材に親しみ理解させるためには、読書教育を振興するほかない。そのためには、朝読書、読み聞かせ、読書へのアニマシオンが有効である。

しかし、一方、ニューメディアも教材化する必要がある。なぜなら、大人は子どもたちとニューメディアを断ち切ることはできないからである。断ち切ろうとするよりも、ニューメディアと正しくつきあう方法を教えてやった方がよい。

スピーチやディベートのような音声コミュニケーションがようやく国語教育に取り入れられ始めた。しかし、情報としての音声と映像のコミュニケーションを活用する学習はほとんど行われていない。

もちろん視聴覚教育や放送教育の伝統はある。しかし、それらとメディアリテラシー教育には、まだ距離がある。なぜなら、批判的に思考することを新たに教えなければならないからだ。

コミュニケーションの質は、情報を収集し活用する情報活用のスキルによって決定する。書物に加えて、テレビ・ビデオ・インターネットの情報を活用する学習も、当然、国語教育に必要である。

## 三　メディアリテラシー教育は、日本ではなぜ困難か

欧米で育ったメディアリテラシー教育を日本に根付かせることは容易でない。最大の障害は、日本の教育が「批判」をおしえないことにある。

わが国でもメディアリテラシーが始まった。学校で実践が始まったのは、ほんのここ数年のことである。欧米の文化が日本に取り入れられるときには必ず日本風に変容し誤解が生じる。ディベートもよい例である。正しいディベートの思想とコミュニケーションの方法が理解されないためにディベートに反発する人は少なくない。正しいディベートの方法を学べば感情的になどなるはずがない。

「読書へのアニマシオン」も同様である。本来のモンセラ・メソッドはただの楽しいゲームではない。ヨーロッパの文学教育の伝統を基礎にし、欧米型のコミュニケーションを通して読みを深め人格の完成をめざす体系的な教育法である。

つまり、ディベートもアニマシオンも本質がなかなか伝わらない理由は、欧米の思想とコミュニケーションが伝わらないからである。方法だけまねても実質は伝わらない。

欧米のメディアリテラシーが、日本にきちんと伝わらない理由も、「批判」という思想とコミュニケーションの方法が伝わらないからである。日本人は「批判」という言葉と概念を嫌う。

「子どもに批判などということを教えてはいけない。子どもに批判することを教えたら、教師や学校を批判し

て収拾がつかなくなる。」と言う教師がいた。

一方、欧米では批判的思想を必ず教える。批判のないところに創造はない。ある米国人は、「生きる力」とは「批判的思考」だと言った。お互いに批判できないから、学校も社会もいつまでも変わらないのである。

## 四　欧米のメディアリテラシー教育

欧米のメディアリテラシー教育を知るには、菅谷明子さんの『メディア・リテラシー――世界の現場から――』（岩波新書、二〇〇〇年）を読むとよい。菅谷さんは、五年間にわたってイギリス・カナダ・アメリカのメディアリテラシー教育を取材し、約百人にインタビューしてこの本をまとめた。

菅谷さんは、欧米諸国のメディアリテラシーは、『メディアを批判的に理解していく学習』という意味で、大きな違いがない」という。ただし、この「批判的」という言葉は、日本で用いられているようなネガティブな意味あいではなく、「適切な基準や根拠に基づく、論理的で偏りのない思考」という建設的で前向きな思考だという。

日本での「批判」という言葉は、人格批判と同義で用いられることが多い。それでは、対等で建設的な議論はできない。批判とは、お互いに助け合い、もっと価値の高いものを創造するために不可欠のコミュニケーションである。討論を通した徹底的な相互批判がなければ、本当の意味の問題解決はできない。相互批判のない組織に構造改革はできない。

菅谷さんによれば、イギリスでは、国語の授業で、テレビや広告などのマスメディアについて教えることが定着しつつあるという。英国映画協会の調査に、「メディアを国語の授業で教える必要がある」と答えた教師は九一％にのぼり、約四割の教師が、国語の授業の一〇％から二五％の時間をメディアを教えるのに費やしている。

例えば、四年生の授業では、コマーシャルについて討論する。子どもたちは、「コンピュータ・ゲームのコマーシャルに男の子しか出ないこと」「食べ物のコマーシャルに黒人が出ないこと」「コマーシャルに出る家族は、優しい両親と可愛い子どもで幸せそうなこと」を批判する。これは、ふだんから「批判する」訓練が行われていなければできない。次に先生が、「このクラスで両親がそろっていない子は？」と聞くと半分近い子どもの手があがる。つまり、コマーシャルの家族が、子どもたちの家族とかけ離れていることに子どもたちは気づく。この授業では、コマーシャルに現れることは、必ずしも本当ではないことに子どもたちを気づかせる。（前掲書、二〇～二二頁）

菅谷さんの本からもう一つすばらしい実践を紹介しよう。カナダの中学のカレン先生が女子生徒と買い物に出たとき、その生徒がある広告に強い違和感を示した。それは、ティーン用の香水の広告で、ビキニをつけた少女の上半身が写っている。女子中学生が憤慨したコピーは、「首にやさしくすり込ませてください。そうすれば、あなたがノーと言って首を振ったときでも、彼があなたの本心を嗅ぎつけます」である。カレン先生がその広告をクラスの生徒に見せたところ、生徒たちは、「ひどい広告だ」と同意し、広告を分析して化粧品会社に抗議した。ある生徒は、「女の子がノーというとき、本当はイエスを意味するというなら、それは男にレイプを奨励しているようなものです」と手紙を書いた。化粧品会社は容易に生徒たちに承伏しなかった。生徒たちは抗議し続け、とうとう化粧品会社に広告をうち切らせ謝罪させるまでに至った。（前掲書、一〇七～一一〇頁）

この実践のすばらしさは、四点ある。第一は、自分たちの環境を子どもたち自身の手で変えたことである。第二は、子どもたちが、広告の売るための企みを、分析して見抜いたことである。第三点は、根拠を明らかにして批判する自己主張のコミュニケーションができたことである。第四点は、自己主張する個々人が連携協力して広告をうち切らせるまでの行動ができたことである。ここには、コミュニケーション・スキルのすべてが実を結んでいる。

## 五　わが国のメディアリテラシー教育

初めて、私が見せていただいたメディアリテラシーの授業は、川崎市立桜本小学校の池田康子先生のものである。授業の詳細は、『メディアリテラシー教育の実践事例集――情報学習の新展開――』（藤川大祐編著、学事出版、二〇〇一年）に報告してある。まず、子どもたちに、下北半島の雪の中で生きる、ニホンザルの姿を見せる。次に、このビデオがどんな映像なのかを書かせる。次に、一曲目を聞かせ、どんな曲か発表させた後で、映像と曲を合わせて聴かせ、さらに「猿の心の中」を書かせる。一曲目は、悲しそうな曲である。次に、荘重な二曲目を聞かせ、映像と合わせる。最後に、明るい曲を映像に合わせて聞かせる。池田さんは、この授業を通して、同じ映像が、曲の違いによって、まったく印象が違ってしまうことを学ばせた。テレビの映像には、様々な音楽が使われている。音楽やアングルによって、製作する側は情報を操作することができる。

十月六日には、高校生のメディアリテラシーの授業を見せていただいた。都立文京高校の杉岡道夫先生の授業である。この実践も前掲の実践事例集に報告してある。杉岡さんの授業の教材は、クローン羊「ドリー」を取材したＮＨＫのドキュメンタリーである。杉岡さんは、ドキュメンタリーのビデオ映像から八場面をビデオプリンターで印刷し、各グループに配る。次に、ドキュメンタリーの音声だけを聞かせた後で、生徒たちにその八枚の画像がどのような順序で放映されたかを考えさせる。生徒たちは、グループ討論して画像を並べ替える。最後に杉岡さんは、実際のビデオ放送を見せる。この授業は、番組のディレクターになったつもりになって番組の構成を分析させ、仕掛けについて考えを深めさせるものである。

十月十九日にも、専修大学附属高校で太田昌宏先生のメディアリテラシーの授業を見せていただいた。立て続けにメディアリテラシーの授業を見せていただいたのは、偶然ではなく、高校生にこそメディアについて考えてもらいたいから、お願いしたのである。

太田さんの授業は、前掲の実践事例集に掲載されている都立豊島高校の近藤聡先生が創意工夫した「ニュース番組『デスクのもくろみ』を見抜け」という実践を若干変えた追試である。近藤さんの実践については、前掲書をご覧いただきたい。

太田さんは、よく行われる「食わず嫌い王スピーチゲーム」でウォーミングアップする。これは、グループの中で、自分の好きな食べ物を三つ紹介して、好きな理由を述べる。この中には、本当は食わず嫌いなものが一つある。グループのメンバーは、食わず嫌いがどれかを、インタビューして探り当てる。このゲームの効果は、会話を活発にしながら理由を述べる訓練をすることにある。

次に、太田さんは、十月十一日の夕方に放映された六つのニュースのタイトルと解説を、実際の放送の順序をランダムにして生徒に見せる。太田さんの指示は、「あなたがニュース番組の編成をするとしたら、どのような順番でこれらのニュースを並べますか。ただし、時間の都合上、一つのニュースを省いてください。」というものである。生徒は、省いたニュースと理由を書き、自分が制作者になったつもりで、ニュースの配列を書く。次に「何を基準にしてそのように並べたか」も書く。さらに、NHKニュース7の順番を当てニュース7の順番の基準も書く。太田さんの実践は、判断の根拠を常に明らかにさせようとしている。

メディアリテラシー教育は、始まったばかりである。しかし、このようにすぐれた魅力ある実践が行われ始めた。国語教育に、このようなメディアリテラシー教育が取り入れられれば、国語教育は活性化するだろう。そのとき、批判的に考え、感情的にならないで相互批判しながら、協同的に問題を解決できる子どもたちも育っていくだろう。

# 9　スペインで行われた「読書へのアニマシオン」セミナー

## 一　なぜ、スペインで行われたセミナーに参加したか

マドリーで行われた読書へのアニマシオン・セミナーに参加した。十日間で八十時間の講習を受け、アニマドールを養成する講師の資格を取得してきた。同行したのは、私と三森ゆりかさんのほかに、教員を中心とした八人である。

私が、このセミナーに参加した理由は三つある。第一は、読書へのアニマシオンが、教育を改革する切り札になると確信したからである。なぜなら、子ども中心の教育理論に立ち、発達段階に沿って、深く読み考える力を育て、人格の完成に至る系統性と体系性があるからである。しかも、七十五の指導方法が開発され明確なマニュアルがある。第二に、アニマシオンによって、今の子どもたちに一番不足している、読書とコミュニケーションの力を育てられると確信したからである。第三の理由は、モンセラ・メソッドによるアニマシオンを正確に日本に伝えたいと痛切に思ったからである。私と三森さんは、このために、昨年八月、「モンセラ・メソッドによる読書へのアニマシオン研究会」を発足し、翻訳家やスペイン人の助けを借りて、「七十五の戦略」の原書を読みながら徹底した討論を続けている。

「モンセラット」ではなく「モンセラ」と呼ぶ理由は、スペイン語の発音により近い表記を選んだからである。「読書のアニマシオン」でなく、「読書へのアニマシオン」とした理由は、スペイン語の「アニマシオン・ア・ラ・レクトゥーラ」は直訳すれば「読書へのアニマシオン」であり、「深い読みに到達するために、子どもを助け活気づける」意味だからである。

## 二　読書へのアニマシオンは、ゲームや楽しみではない

「読書へのアニマシオンはただのゲームや楽しみではない。それだけは日本でしっかり伝えてください」とモンセラが強調した。読書へのアニマシオンの開発が始まったのは一九七四年である。それまでは、読書は学校の勉強であって楽しみとしてはとらえられていなかった。また、パソコンやテレビなどのテクノロジーの影響によって、大人の世界と子どもの世界の区別がつかなくなった。読書へのアニマシオンは、こうした流れと戦おうとする人々が始めた。

「アニマシオン」という言葉はヨーロッパの一般用語で、公民館や図書館など様々な場面で人々の余暇活動を支援し活性化することである。支援する人を「社会文化的なアニマドール」という。一九六八年のフランスの五月革命が起源である。それまでは、アニマドールという言葉はキャバレーのショーガールなどの意味で使われることもあった。「読書へのアニマシオン」は、モンセラ・サルトを中心とした人々が築き上げた。スペインで開発された独自のメソッドである。しかし、スペインでも様々な亜流が「読書へのアニマシオン」と称している。だから、「モンセラ・メソッド」と呼んだ方がいいだろう。

モンセラ・メソッドは、学校で行われる「知識を教え込むディダクティカ」ではなく「子どもの力を引き出すエデュカシオン」である。エデュカシオンは、日本語では教育と訳されるが、この訳語では本当の意味が伝わらない。ディダクティカでは知識は教えるが、子どもの心は育てない。エデュカシオンでは子どもの自我を育て、自発的に本を読み、本が内在化して、心で本を読み自立することができるようになる。一方、学校教育では、本は読めるようになるが、創造的で批判的な読みはできるようにならない。

学校は強制するがモンセラ・メソッドでは一切の強制をしない。参加したい子どもだけが参加し発言したくない子は発言しなくてもよい。読書を強制すれば、子どもは一生本を読まなくなるだろう。徹底した子ども中心主義である。

## 三　戦略と思考回路

モンセラ・メソッドでは、七十五の戦略が開発されている。今まで、「作戦」という訳語が用いられてきたが、「戦略」と訳した方が誤解が少ないと思う。「戦略」は、軍隊がある作戦を遂行するための策略である。「子どもの読む力を引き出す」という作戦を遂行するために、七十五の戦略が開発された。心理学では戦略をストラテジーまたは方略と訳している。

モンセラ・メソッドでは、七十五の戦略を用いて、子どもの頭に思考回路が形成されることをめざす。この思考回路は、心理学ではスキーマまたは図式と訳している。哲学では先験的図式と言う。戦略を繰り返し行うことによって、子どもが、物語を理解して楽しめるようになるのは、この思考回路が子どもの頭に形成されるからである。

七十五の戦略は、それぞれ明確な学習目的を持ち、繰り返し行うことで真の学力が育ち人格が形成される。断じて楽しいだけのゲームではない。

## 四　物語の構造を読みとる戦略

『夏の庭　The friends』（湯本香樹実、新潮文庫、一九九四年）を使用して、次の手順で行われた。

①二週間以内に、自分で読んでくる。
②物語の構造がとらえられるような部分（複数の連続した文）を抜き出して、カードに写す。
③参加者は円形に椅子に座り、アニマドールが間に入る。
④アニマドールの隣のAさんが、自分のカードを音読する。
⑤次のBさんが自分のカードを音読する。
⑥アニマドールがBさんに、「あなたのカードはAさんの前ですか後ですか」と尋ねる。
⑦Bさんは、自分一人で判読して席を替わる。
⑧次にCさんがカードを音読する。
⑨アニマドールが、Cさんに「あなたはどこに入りますか」と尋ねる。この作業を人数分行う。すべて一人で音読して考え判断して、カードが物語の時間的順序に並ぶようにする。
⑩全部並び替わったら、この順番でいいかみんなで話し合う。話し合いが成立したら席を替わる。

⑪最後にもう一度順に音読して確認する。
⑫全部並び終わったら、アニマドールが正しい順で読む。
⑬さらに、物語についてみんなで意見交換する。

よく実践される戦略であるが、オリジナルの通りに行うことは容易でない。まず、モンセラ・メソッドでは、最初一人で読んで一人で考えさせる。個人で深く読み、熟考する訓練であるから、初めからわいわい話し合ってはいけない。次に、お互いに話し合うときは、本文に書いてあることを根拠にして、意見を言う。根拠を明示することは欧米人の議論の基本である。必ず本文を根拠にして議論することも欧米の分析と解釈の基本である。しかし、どちらも日本人が徹底することは難しい。

最も難しいのは、カードの作り方である。カードは、無作為に抜き出してはいけない。アニマドールが、物語の構造を把握して、構造の展開がわかるような部分を抜き出す。この日のモンセラは、少年たちと老人の新密度が深まっていく心情の変化が読みとれるような部分をカードに抜き出していた。つまり、欧米の言語技術教育で行われている物語の「分析と解釈」が十分にできて、物語の構造が完全に理解できていないとカードはつくれないのである。

最後のディスカッションで、モンセラはこんな問いかけをした。

「この物語では、『死と少年の関係』と『おじいさんと少年の関係』とどちらが重いですか。」鋭い問題提起である。議論百出したことは言うまでもない。

この戦略でどのような力が育つだろうか。本を集中して読み、物語の構造を深く理解し、話し合いによって問題を解決し、テーマを把握する力である。

## 五　素材づくりに必要な倫理観と希望

戦略の素材であるカードの文はどのような基準で選ぶのだろうか。まず、アニマドールがこの本で浮かび上がらせたい部分を選ぶ。つまり、作品の分析と解釈ができて、主題がつかめなければならない。また、文学的に美しいところ、倫理的なセンスが読みとれるところである。

例えば、「真冬の夜の夢」という中学高校生の読む本がある。この本は愛がメインテーマだから、若者の自由奔放な性行動の描写が大部分を占める。この本で、「前か後か」という戦略を行うとき、普通に文を抜き出していくと、ほとんどが性描写のカードになってしまう。そうならないように、非倫理的な場面を描写したカードと倫理的な場面を描写したカードの比率を半々ぐらいになるようにする。悲劇的な暗い場面の多い作品でも、明るく希望のもてる場面のカードを積極的に選ぶようにする。「どんな人生にも排水溝がある」と言った人がいる。つまり、どんな本にも必ず明るいところがある。愛情を大切にし人間を大切にする場面を積極的に選ぶ。モンセラの言葉を聞く私は、彼女の強い倫理観と教育者としての責任感に凍りつく思いであった。

モンセラは、ガウディやミロやピカソを生んだカタロニアの人である。私がモンセラに、「彼らの芸術の特徴は人に希望を持たせることですね。」と話したら、モンセラは「そのとおりです。」と微笑んだ。

## 六　アニマドールの資質

講師の一人のキカさんが、次のようにアニマドールの資質を挙げた後で、参加した小学校の教師が感動して「私たちがめざしてきた教師像とまったく同じだ」と言った。

・情熱を持っていて子どもが好きなこと
・子どもといると楽しい人
・陽気で明るく子どもをよく知っている人
・忍耐強く落ち着いて、子どもの反応を待てる人
・絶対に答を先に言ってしまわない人
・沈着で毅然として秩序が保てる人
・児童文学と教育についての知識が豊かな人
・雰囲気づくりのうまい人
・国語の授業と混同しない、絶対に点数をつけない人

アニマシオンは知的な質の高い遊びである。アニマドールは子どもを評価しないが、毎回のアニマシオンの成果と自らのできばえを厳しく評価して評価票に記入し、研鑽を重ねる。しかし、日本人がアニマドールになるためには、もう一つ克服しなければならない課題がある。

## 七　欧米人のコミュニケーションと「分析と解釈」

モンセラ・メソッドは欧米で生まれた。だから、欧米人のコミュニケーションと欧米の母国語教育を背景にしている。日本人がアニマドールになるためには、この二つを新たに習得する必要がある。

モンセラ・メソッドを学ぶのは小さな目的である。モンセラ・メソッドの学習を通して、欧米人のコミュニケーションと欧米人が身につけている言語技術を学ぶことは、日本の教育を根本から改革する壮大な課題である。

ＥＳＴＥＬ文化協会会長のマリアドローレスは、「ベポおじさんの人形」という、日本では翻訳されていない物語を使って、登場人物の持ち物の持ち主を推測する戦略を行った。ピノキオによく似た幼児向きの物語である。

アニマシオンでは、戦略に入る前に、あらすじを子どもたちに思い出させる。

マリア　「お話を思い出してみましょう。ベポおじさんって何をしてる人？」

子ども　「ふくわじゅつし」

マリア　「どんな服を着てた？」

子ども　「こうしじまのずぼん」

マリア　「どうしてお人形はベポさんと同じ服を着ていたの？」

この後のマリアドローレスの質問は、「何があった」「何に使った」「どんな魔法」「どこに行った」「何をしていた」と続く。五Ｗ一Ｈを連発する。この畳みかけるような質問が欧米人のコミュニケーションである。この質問に答えられるようにならないと、日本人は国際社会で欧米人と対等に交流できない。このコミュニケーションを習得するために開発されたのが三森ゆりかさんの「問答ゲーム」である。

幼児から、こうやって分析的な問答を繰り返す中で欧米人の「分析と解釈」の基礎が形成されていくのである。

# 10 「読書とコミュニケーション」が確かな国語学力を育てる

## 一　なぜ「読書とコミュニケーション」か

「国会議員になれたのは、先生がやたらに討論をさせたからです。」と初当選した教え子が真顔で言った。教え子は三十代後半、長い雌伏の末の当選が嬉しそうであった。彼を教えた頃の私も三十代半ば。

当時、教師として人一倍の努力はしたと思う。源氏物語を教えるときは源氏を全部読み、鷗外を教えるときは鷗外を全部読んでから教えようなどと無茶苦茶な目標を立てていた。朝七時からの早朝練習、放課後三時から五時までもバドミントン部の指導、それから週三回英会話の学校に行き、週二回は言語学の講座に通っていた。眠くて太股を思い切りつねりながら受講していたことを思い出す。

もう亡くなってしまったが、同僚で先輩の国語教師から「ろくに本を読んでいないお前などとまともに話はできない。あと一万冊読んだら対等に話してやる。」と言われたくやしさは忘れられない。今、気がつくと、狭い書斎には、駄本を捨てに捨てたのに、今なお一万冊近い本が私を見下ろしている。研究室に置いてある専門書や借りて読んだ本を入れれば、とうに先輩の遺言は果たしたろう。

国会議員を教えた少し前、三十一歳のときに、都立教育研究所の長期研修生になった。平日は東大の言語学科に通っていたが、土曜日や大学の休みのときは都研に通った。朝、四人の指導主事が集まると、お茶を飲みながら国語教育から国語学にわたる広範な本の話に花が咲いた。研究生の検討会には、詳しい参考文献の一覧表が配られ、今は亡くなった指導主事が、神田の古書店街で国語教育の文献が集まっている本屋を順に案内してくださった。

本を読まなければ人間でないというような時代があった。岩国高校では、担任だった若い体育教師がショートホームの時間に毎日一冊ずつ本を紹介した。漢文の教師も、毎時間違う本を紹介した。早稲田に入ってからも、電車で乗り合わせたゼミの先生が岩波文庫に傍線を引きながら読みふけっていた姿が忘れられない。「無茶苦茶にたくさん読んでます。」と誇らしく言う私をたしなめて、「それはだめだよ。自分の芯になっていく読書でないと。」禅問答のような師の忠告が理解できたのはずっと後である。

国会議員を教えた頃は、教科書はざっと教え、毎時間、自作教材を使った。ありとあらゆる本、雑誌、新聞に目を通し、コピーして張り合わせてB４一枚の教材をつくり、ざっと読んでから討論するという授業であった。これが、何よりためになったと若い国会議員は言うのである。

なぜ、私は「読書とコミュニケーション」に拘泥するのであろう。新宿高校の職員室も都研の研究室も早稲田界隈の下宿屋も「読書と討論」にほかならないからである。つまり私の国語学力を形成したものは良くも悪しくも「読書と討論」にほかならない。

一九九四年に三か月間カリフォルニアで在外研修したとき、幼稚園から大学院にいたるまで「読書と討論」が重視されていることがわかった。二〇〇一年に国際読書学会に参加したときは全米の百人近い教師や指導主事が多読に取り組んでいることを私に熱く語った。幼稚園児から、毎日違う本を一冊ずつ読ませる。年間何百冊も読ませる教師がざらにいることを知った。たくさん読まなければリテラシー（読み書き能力）は付きようがないのである。

一九九九年以後、三度スペインに行き、「読書へのアニマシオン（子どもを読書に導き、魂を生き生きと活気づかせる読書教育の体系的な方法）」を学んでいる。このメソッドも、読んだ本について対話や討論をするコミュニケーションを重視する。

今までもこれからも、国語基礎学力を育てるためには、「読書とコミュニケーション」が不可欠であると信じている。なぜなら、読まなければ国語の知識と教養は身につかないからである。また、読んだことについて話し合い、練り合って思想を高め合わなければ、読んだことは確かな知識に深まらないからである。

## 二　本を楽しむ子どもを育てるために

国際調査の結果では（文献3）、「毎日、趣味として読書することはない。」と答えた生徒は、ＯＥＣＤ平均が三二％だが、我が国は五五％と参加国の中で最も高い。どうしてこのようなことになってしまったのだろうか。

「子どもが本を読まないのをインターネットやテレビのせいにするのは簡単だ。本当は大人が本を読ませようとしないからだ。」「子どもが本を読まないと嘆くのはやめよう。本が読めるように手伝ってあげよう。」と読書へのアニマシオンを開発したモンセラは言う。

子どもに本を読ませたいと思ったら、まず、教師自らが、常に多読し、ときに精読して自己研鑽するほかない。教師が率先垂範しないで付いてくる子どもはいない。教師が本の楽しさを知らないで、子どもに本の楽しさを伝えることはできない。

テレビやインターネット、雑誌という新しいメディアは便利でおもしろい。しかし玉石混淆である。玉は一部で石が大部分と思っていた方がいい。中には恐るべき危険情報もまぎれこんでいる。

コンビニの一角にビニールに包まれたコミックがあった。中学・高校生向けの恋愛漫画である。「癒し系」と書いてある。買って読んでみた。十数話の恋の物語から構成されているが、全部の話がごく安易に性行為することで終わる。恐ろしいことは、避妊具を使う記述が全くないのである。十代二十代の妊娠中絶、性感染症が激増している。ぜひ小学校高学年以上の子どもを教えている先生方は読んでいただきたい。そして避妊具も付けないで性交渉した結果がどうなるか教えていただきたい。

こういう危険情報は、電子情報でも活字情報でも巷に氾濫している。主にネットやテレビの有害情報をメディア・バイオレンスと言って、それから身を守るすべをメディアリテラシー教育という。だからメディアリテラシー教育に一番大切なのは批判力である。

この批判力を身につける方法は読書して沈思黙考し、話し合って相互批判するほかない。

私は九九年以降、合わせて四回「読書へのアニマシオン」の講習を、開発したモンセラ・サルト自身から受けている。このメソッドは七十五通りのゲームや遊びに似た指導戦略（ストラテジー）から構成されている。だれがやっても子どもが楽しむのでただのゲームと思われがちである。しかし、私が受けた八十時間の講習では、二週間の間に一早朝二時間の読書により七冊の本を精読し、午前中三時間理論について講義を受け、午後三時間、指導戦略の実技指導を受ける。楽しく読書するというのは容易なことではない。「楽しいことが目的ではない。」と何度もモンセラ・サルトが繰り返した。

次のような読書とコミュニケーションができなければならない。
①一人で静かに本を読んで熟考し、
②アニマドール（子どもを読書に導き、活気づかせるための支援をするリーダー）の作った質問を一人で静かに考え、
③一人できちんと発表し、
④みんなで話し合って本の読みを深め合う。
そのためには、まず、だれよりもアニマドールが、本を深く読み、本の楽しさを知っていなければならない。

## 三　コミュニケーションを楽しむ子どもを育てるために

非常勤講師をしている大学で、日本人と西欧人のスピーチをテレビニュースなどから、ビデオにとって比較させたことがある。学生が一様に指摘したのは、話し手の視線である。
①日本人は、原稿を見ている時間が八割、聴衆を見ている時間が二割だが、西欧人は、原稿を見ている時間が二割、聴衆を見ている時間が八割。
②日本人のスピーチは、まわりくどく抽象的でわかりにくいが、西欧人のスピーチは、主張が明確で具体的でわかりやすい。
③日本人は原稿を読む意識が強いが、西欧人は相手に訴えかけようとする意識が強い。
④圧倒的に、西欧人のスピーチがわかりやすく迫力と説得力がある。

アメリカ人の社会的地位は、スピーチとディスカッションの力で決まると言っても過言ではない。歴代大統領はみな雄弁である。雄弁だから大統領になれたと言うべきであろう。私の教え子のような、討論が大好きな国会議員が誕生するのは、もうそういう時代に入っているのである。

私が高校教師をしていた頃、歴代の校長は職員会議ではたいてい無言であった。しゃべらない校長ほど評判がよかった。そういう時代は終わった。リーダーが意見表明しないでだれが組織をリードするのであろう。

一方、リーダーは聞く耳を持たなければならない。民主的な討論を経て意志決定できなければならない。官民を問わず、不祥事が続く組織には共通点がある。率直にものがいいにくい非民主的な組織なのである。不祥事が起こる前にだれかが必ず危険に気づいているはずである。しかし、直言すれば、左遷されたりリストラされる組織なのである。こういう組織が崩壊するのは時間の問題である。

だから、子どもたちに、率直に意見を言い合うコミュニケーョンの力を育てなければ日本という国は成り立たない。そのために、私は今まで数多くの先生方とともにコミュニケーションを活発にする実践を工夫し改善してきた。（文献1、2、4）

アメリカにはスピーチコミュニケーションという話し言葉を訓練する指導体系があって、幼稚園から大学まで一貫して訓練が行われる。

①幼稚園では、本を読み聞かせた後話し合う。
②小学校低学年では、シェアリング（ショウアンドテル）という簡単なスピーチを毎週のようにさせる。
③小学校高学年以降は、すべての教科でディスカッションと口頭発表を行う。
④高校では選択教科でスピーチやディスカッションなどのスピーチコミュニケーションを学ぶ。

⑤大学では、スピーチコミュニケーションが必修になる大学も多い。

これらの全期間を通じて、本を広く深く読んでコミュニケーションするという学習形態が一貫して行われる。なぜ読書とコミュニケーションが一体でなければいけないのだろう。お互いに知識のないどうしが、よく考えもしないことを言い合っても満足な討論はできないからである。

本も読まないで、資料も調べないで「給食には米がいいかパンがいいか。」のようなテーマで話し合う討論やディベートでは実践的なコミュニケーションの力はつかない。コミュニケーションには知識が必要なのである。記憶や知識の力をもう一度学力として見直す必要がある。

**参考文献**


1　有元秀文編著『総合的な学習に生かす　パソコンを活用した「楽しいコミュニケーション」の授業』、東洋館出版社、二〇〇〇年

2　有元秀文編著『「相互交流のコミュニケーション」が授業を変える』、明治図書出版、二〇〇一年

3　国立教育政策研究所編『生きるための知識と技能――ＯＥＣＤ生徒の学習到達度調査（ＰＩＳＡ）二〇〇〇年調査国際結果報告書――』、ぎょうせい、二〇〇二年

4　http://www.nier.go.jp/arimoto/index.html

# 11 「コミュニケーション・スキル」をどう育むか
## ――国際化と子ども受難の時代に――

### 一 国際化の時代に必要な、「積極的で論理的なコミュニケーション」

近年、コミュニケーションが強調されるようになった理由の一つは、国際化の進展にある。寡黙を美徳としたわが国の従来のコミュニケーションでは国際社会で太刀打ちできない。

ある国際会議に参加した、日本人二人、欧米人二人のスピーチをビデオで見せ、大学生に採点させたことがある。わかりやすさ、説得力、訴える力など、圧倒的に欧米人に軍配があがった。何より、日本人はほとんど原稿ばかり見ているから迫力に欠ける。

日本人は本質的にスピーチや討論が不得手なのではない。戦国、幕末、明治、終戦直後、大学や高校の紛争時など変革期には盛んな議論が行われる。しかし、平時には黙ってしまう。

最近は、職員会議でも議論は稀らしい。深刻ないじめや対教師暴力があって、私が職員会議で議論した方がよいと助言しても、なかなかそうはいかないらしい。職員会議で議論ができるような学校なら問題は起こらないのだろう。

十年前には、国語教育で「コミュニケーション」が話題になることは稀であった。英語や特殊教育の専用であった。今は、学習指導要領が変わり、全部の子どもたちがスピーチや「ディベートもどき」を体験するようになった。成果は現れただろうか。

ある総合的な学習の時間で、留学生を招いて小学生がインタビューした。教師に促されてやっと手をあげたが頭が真っ白になったらしくしばらく質問できない。ようやく、「日本に来ていやだなと思ったことはなんですか」と尋ねると一人の留学生が「イエスとノーをはっきり言わないこと」と「はっきり」答えた。

国際化の時代に必要なコミュニケーションは、発表と民主的な討論に必要な「積極的で論理的なコミュニケーション」である。

## 二　子ども受難の時代に必要な「相互交流のコミュニケーション」

コミュニケーションを強調しなければならないもう一つの理由は、家庭にも社会にも「温かな相互交流のあるコミュニケーション」が不足しがちだからである。

不登校・いじめ・暴力の背景には、怒りや不満をうまく表現できない「コミュニケーション不全」があると多くの専門家が指摘する。落ち着きのない子どもの増加も教室を脅かしている。

兄弟が少なく親や親戚や地域の人との温かなコミュニケーションを経験しない子どもたちがテレビとゲームに漬かっていれば、普通の会話ができないのは当たり前である。温かな相互交流ができなければ情緒も育たない。

子ども受難の時代に必要なコミュニケーションは、温かな対話を通して相互理解する「相互交流のコミュニケーション」である。

## 三　「コミュニケーション・スキル」を育むための二つの前提

コミュニケーション能力は、音楽やスポーツと同様、だれでも習得可能なコミュニケーション・スキルの積み重ねである。この育成には二つの前提が必須である。

第一の前提は、「双方向のコミュニケーション」がどんなに大切か教師が確信することである。第二の前提は、できる限り多くの授業時間を発表や討論にあてることである。

日本では双方向のコミュニケーションが実現することは稀である。講演時間が二時間あっても質疑の時間は十分しかない。授業研究会では最後に講師が一方的に助言して終わる。パネルディスカッションでパネラー同士や聴衆との活発な意見交換は稀である。

日本では大人が二つの前提を大切にしていない。まず大人の意識を変革しなければならない。

## 四　「コミュニケーション・スキル」を育むためのプログラム

アメリカ人がコミュニケーションを学ぶプログラムは、ショウアンドテルから始まる。小学校低学年の子どもは、たとえば毎週一回必ず、自分の宝物や好きな本について短いスピーチをする。スピーチの後、活発な質疑応答がある。これは、英語が満足に話せない子どもにもサバイバルのコミュニケーションを教える手だてである。

その後、あらゆる教科で、大量の本を読んで調べて討論する学習が継続的に行われる。高校生や大学生の多くは、インタビューからディベートに至るあらゆるタイプのスピーチコミュニケーションを学ぶ。

家庭でも学校でも職場でも盛んに議論するアメリカのプログラムを、日本にそのまま持ってくることはできない。横浜市立さつきが丘小学校では、総合的な学習の時間の一部を使って週三回十五分間ずつコミュニケーションの学習を行っている。発達段階に沿って、「相互交流の対話」から「積極的で論理的な討論」のコミュニケーションまでが体系的・系統的に行われる。

体系的・系統的という理由は、コミュニケーション能力を「相互交流、共感、歩み寄り、助け合い、質問、問題解決、人権、自己主張」の八要素に分け、それぞれの要素を低・中・高学年に系統的に配置しているからである。これらを実現するために、学年ごとに十二分類されたゲーム・遊び・読書活動・体験活動などが実践された。

## 五　コミュニケーションの学習に必要な「楽しさ」、教師の「受容・共感」「連携」

さつきが丘小学校のプログラムの特色は、継続性・体系性・系統性に加えて、次の三点である。

第一は、生徒の興味・関心を最優先していることである。

もともとはシャイな子どもたちや落ち着きのない子どもたちをコミュニケーションに参加させるためには、楽しさを最優先しなければならない。口を大きく開けろとか姿勢を正しくして大きな声を出せという訓練の方法もあるが、入門期にはマイナスの方が大きい。シャイな日本の子どもが発言できるようになるには、高い心理的なハードルを越えなければならないからだ。だから楽しく参加できるようなゲーム性の高いメニューをたくさん用意する必要がある。

第二は、教師が受容的・共感的態度で臨み、支援に徹して表面に出ない。子どものコミュニケーションを阻む壁は、教師の介入である。幼い発言を頭から批判したり否定したりすれば子どもは二度と口を開かなくなる。今は、家庭での温かなコミュニケーションに恵まれず、普通の会話ができない子どもが増えている。子どもの発言を温かく受けとめ、共感して励ます姿勢を、とりわけこれからの教師は心して身につける必要がある。

第三は、教師の連携である。

コミュニケーションの目的は、協調的に連携して相互理解し問題解決することである。コミュニケーションを教える教師が連携できなければ本当のコミュニケーションは教えられないだろう。さつきが丘の成功の基盤は、学校長の支援と研究を推進するリーダー、理論と指導法を熟知した教員たちの長年にわたる連携の成果である。

## 六　問題解決学習に必要な「コミュニケーションと読書」「演習型の研修の強化」

総合的な学習の時間で問題解決学習を確かなものにするためには、対話し発表し討論する過程が不可欠である。対話と発表と討論ができるようになるためには、まず遊びやゲームのなかで自然に口を開くことから始めて、段階的にコミュニケーション・スキルを身につける必要がある。このコミュニケーションの中身を決定するものは「読書」である。

現在、アメリカでは、母国語の言語能力を獲得させるために、大量の本をシャワーを浴びるように読ませる多読が盛んに行われている。毎日義務的な読書を課したり、一日に何回も読み聞かせしたり、毎日、黙読・読書討論会・読み聞かせを行ったり、一日の多くを読書に費やす教師が珍しくない。テーマを決めて総合的な学習を行うプロジェクト学習でも、大量の本を読んで調べたことをもとに対話し発表し討論して問題解決学習が行われる。

ＯＥＣＤの読解力調査では、日本の子どもたちが際だって本を読まないことが明らかになったが、テレビとゲームにどっぷり漬かった子どもたちを読書に誘うことは容易ではない。

スペインで開発された、「読書へのアニマシオン」という読書教育法は、ゲームや遊びを通してどんな子どもでも読書に興味を持たせるように工夫されている。それだけでなく、読んだことについての話し合いを通して、欧米型の問題解決的なコミュニケーション・スキルが身につく。

激変する時代に教師が生き残るためには、教師自身が学校で教わらなかったまったく新しい指導法を学ばなければならない。演習型の研修の強化が痛切に望まれる。

## 参考文献


1　有元秀文編著『「相互交流のコミュニケーション」が授業を変える』、明治図書出版、二〇〇一年

2　有元秀文『子どもの「読む力」を引き出す　読書へのアニマシオン入門』、学習研究社、二〇〇二年

3　子どものコミュニケーション研究会編、有元秀文・輿水かおり監修『イラスト版　こころのコミュニケーション　子どもとマスターする49の話の聞き方・伝え方』、合同出版、二〇〇三年

# 12 コミュニケーション・スキルを学ぶための学習モデルの開発

## 一 国語教育で必要なコミュニケーション

わずか十年前には、コミュニケーションという用語が国語教育で用いられることは稀であった。ところが、「文化審議会国語分科会国語教育等小委員会の意見のまとめ（二〇〇三年八月二十二日）」では、「乳幼児期の脳発達に最も重要なのは、親子のコミュニケーションである。」など、コミュニケーションの重要性が指摘されている。コミュニケーションをテーマにした授業研究も増えてきた。

ここで、国語教育でどのようなコミュニケーションが必要か、私の試行錯誤の後をたどりながら考えてみたい。

## 二 私のコミュニケーション学習観の変化

一九九六年の報告書では、「この研究では、『コミュニケーション能力』を、『児童生徒が、言語・非言語の行為、数式や図表や絵などを用いて、自分の考えを伝え合う能力』と定義する。」とし「この中で、特に『論理的表現力』を中核とした次の三項目を各教科等に共通して重視する能力」と考えた。（文献1）

①状況と目的に応じて、読み手や聞き手の立場を考えながら、自分の考えを論理的に分かりやすく表現する能力

②論理的思考に基づいて建設的かつ協調的に話し合う能力

③対話と話し合いによって相互理解を深め、よりよい人間関係を形成する能力

一方、その五年後、二〇〇一年には、「この研究で育てようとする子供たちのコミュニケーション・スキル」として、後述する次の二種に分類した。(文献5)

1　相互理解と問題解決のコミュニケーション・スキル

2　情報収集と情報活用のコミュニケーション・スキル

まず、大きな変化は「能力」から「スキル」への変化である。「能力」という用語をやめたのは、コミュニケーションを「生まれ持った能力」ではなく、「だれでもが習得できる」スキルであると考えたからである。また、「論理的表現力」のみを強調することをやめた。これらの変化には、私自身の大きな気づきがあった。以後、いくつかの気づきを通して私の「コミュニケーション学習観」が発展する過程をご紹介したい。

## 三　「論理のコミュニケーション(問題解決)」と「心のコミュニケーション(相互理解)」

一九九六年に、「論理的表現力」を強調した理由は、調査結果から、日本の児童生徒の論理的思考や論理的表現が著しく不足していることが明らかだったからである。これでは、発表や討論を通した「問題解決」ができない。これが第一の気づきである。第二の気づきは、いじめが社会問題化したときである。数年にわたり欧米のい

こじめ対策を調査し、カウンセラーが子どもたちに「相互理解のためのコミュニケーション・スキル」を教えることが多いことを知った。その結果、人と人が対話して相互理解するための「心のコミュニケーション」がもう一つの重要なコミュニケーションであることに気づいた。例えば、相手の心を開くためには、「ありのままの相手を受け入れ」「心から共感し」「積極的に聞き」「勇気づけ、励ます」。ロールプレイなどを通して、これらのコミュニケーション・スキルを身につけないと、いかに論理的でも相互理解は成り立たない。

## 四　読書とメディアリテラシー（情報収集と情報活用）

第三の気づきは、読書を伴わないコミュニケーション学習の空疎さに気づいたことである。読書へのアニマシオンは、読書を通して「思想を深める」ことの重要性を教えてくれた。アニマシオンは「一人で静かに読んで熟考し、コミュニケーションを通して、思想を深め人格を成熟させること」を重視している。

第四の気づきは、子どもたちの言語環境の大部分は、本ではなく、テレビやインターネットなどのニューメディアであるということである。読書に加え、「ニューメディアを批判的に活用するメディアリテラシー」に、国語教育は多くの時間を割く必要がある。例えば、テレビコマーシャルを見せて「どこかおかしいところはないか」考えさせてみよう。小学生でも驚くほどの批判ができるはずである。

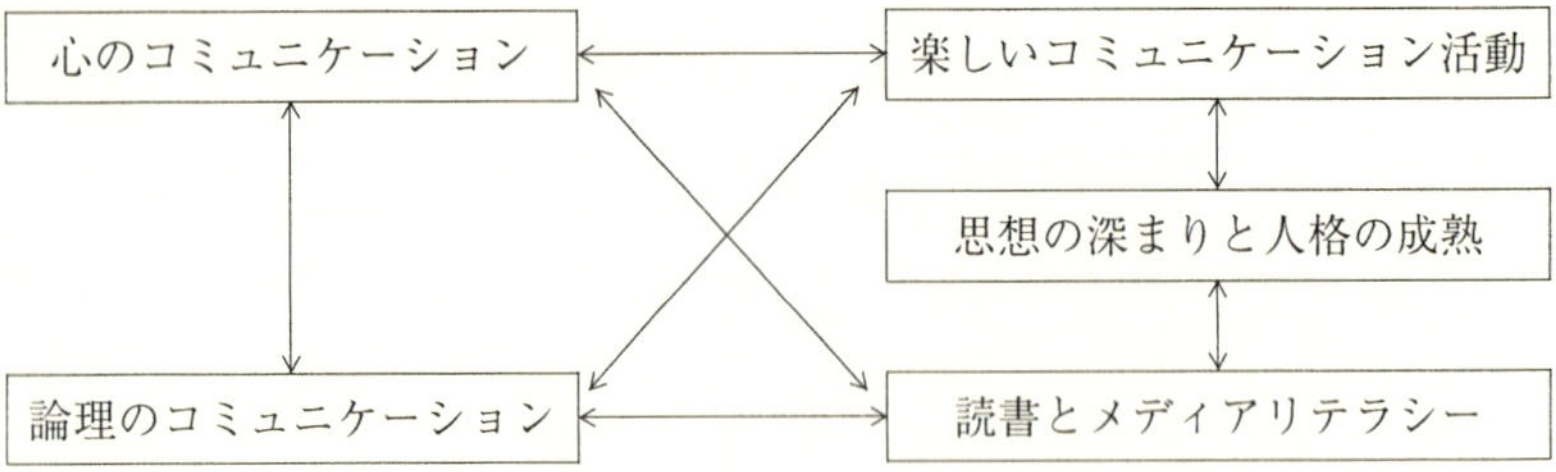


図12-1　コミュニケーション学習モデル

## 五　楽しいコミュニケーション活動

第五の気づきは、「遊びの中で学習する」ことの大切さである。楽しいから安心感が生まれ心が開きコミュニケーションが容易になる。ただし、楽しいだけで終わってはならない。遊びながら学習する「ねらい」が「個人の思想を深め人格を成熟させる」ことにあることを、いつも見定めている必要がある。例えば、読書した後、クイズを出し合うアニマシオンがある。このねらいはクイズを楽しむことではなく「内容を正確に深く読み取る」ことにある。だからクイズの質を高める必要がある。

## 六　コミュニケーション学習モデル

今までの考察に基づいて、現時点でのコミュニケーション学習モデルを図示した。「心のコミュニケーション」と「論理のコミュニケーション」は相互に関連する。この二つのコミュニケーションを実現するためには、遊びを通した「楽しいコミュニケーション活動」と「読書とメディアリテラシーによる情報活用」が必要である。これらのコミュニケーション活動が相互に関連し合って「個々人の思想が深まり人格が成熟」しなければならない。

具体的な実例は、参考文献か私のウェブサイト（http://www.nier.go.jp/arimoto/index.html）に掲載した多くの実践例を参照していただきたい。

## 参考文献

1　有元秀文編「国際化の進展に対応したコミュニケーション能力の育成を目指す、カリキュラムの開発研究」（小学校調査報告書）、国立教育研究所、一九九六年
2　有元秀文編著『「相互交流のコミュニケーション」が授業を変える』、明治図書出版、二〇〇一年
3　有元秀文『子どもの「読む力」を引き出す　読書へのアニマシオン入門』、学習研究社、二〇〇二年
4　子どものコミュニケーション研究会編、有元秀文・輿水かおり監修『イラスト版　こころのコミュニケーション　子どもとマスターする49の話の聞き方・伝え方』、合同出版、二〇〇三年
5　コミュニケーション学習研究会（代表　有元秀文）編『「生きる力」の育成をめざした「コミュニケーション学習プログラム」の開発研究』（文部省委嘱研究）、二〇〇一年

# 13　相互交流の輪が広がる新しい読書指導のありかた

## 一　コミュニケーションと読書

生きる力の大部分はコミュニケーションの力だと思う。嫌なことを「いや」と言えない子どもはストレスを溜め込む。社会に出ても、自分の意見が言えなければリストラの対象になるかもしれない。そのコミュニケーションが今の子どもたちは極端に不得手になっているのではないか。だから、国語教育の使命は相互交流のコミュニケーションができる子どもを育てることだ。そう信じて十数年間コミュニケーションを改善する実践研究を進めてきた。

スピーチや話し合いの練習を重ねれば、どんな子どもでもコミュニケーションの力は身につく。やれば必ず上達するのは、球技やブラスバンドの練習と全く同じである。しかし、どんどん話せるようになっても、非常に物足りないものがあることに気づいた。

それは読書量である。読書しない人のコミュニケーションは空疎である。子どもだってそうである。話せばよいというものではない。広く深い読書体験に裏付けられて初めてコミュニケーションの質は高まり、高度な問題解決もできるようになるのである。

## 二　世界一本を読まない日本の子どもたち

二〇〇〇年にOECDが三十二か国の十五歳児に対して行った読解力調査では、日本の子どもたちが三十二か国中最も本を読まないことがわかった。

「趣味で読書することはない」と答えた生徒は五五％で参加国中最も高く、「どうしても読まなければならないときしか本は読まない」「本を最後まで読み終えるのは困難だ」「じっと座って本を読むなど、数分しかできない」に「とてもよくあてはまる」と答えた生徒の比率も際立って高い。「図書館をまったく利用しない」生徒は五二％で国際平均より一一ポイントも高い。

二〇〇三年の学校読書調査では、一か月に一冊も本を読まない不読者の割合は、高校生は五八・七％である。一九五五年にはわずか三・七％であったが、一九六九年には四三％、一九八〇年以降五〇％を超えるようになった。

## 三　日本の子どもが本を読まない本当の理由

どうしてこんなことになったのだろう。

コミック誌を週に数回読む生徒は五九％いて、国際平均の一四％をはるかに超える。マンガ雑誌が普及していることも、テレビやコンピュータゲームが普及していることも大きい要因だろう。しかしそんなことを言っていても何の解決にもならない。家でテレビゲームを禁止しても友だちの家でやるだけである。

本当の原因は、大人と教師が読書教育に不熱心だからではないか。

私が教師を対象にして行った調査では、中学と高校の教師の八割は「国語の学力が低下した」と思っている。低下した原因を尋ねると、最も多い理由は「大人や教師が本を読まなくなったから」である。事実、「図書館から本を借りる」ことが「まったくない」教師が二割、「授業の準備以外にはほとんど本を読まない」教師が一割、「一時間以上じっと座って本を読むことは稀」な教師が三割いる。

それでは、教師は子どもが読書するような努力をしているだろうか。「授業時間中に、おもしろい本を紹介することが多い」教師は四割、「子どもが読書好きになるように具体的な努力をしている」教師は五割だが、四割の教師は何もしていない。

## 四　読解力が世界一のフィンランドの秘密

ＯＥＣＤの読解力調査ではフィンランドが群を抜いて得点が高く、世界中の注目を集めた。日本は八位である。この秘密は多読と討論を取り入れた授業だと思う。フィンランドでＯＥＣＤテストが全国一位だった中学の授業が、ＮＨＫで放映された。その学校では四週間ごとに教師が課題を出し、生徒は新聞や雑誌や本などから資料を集めて発表し、討論して問題解決する授業を繰り返す。つまり、大量に読書してその情報をもとに討論する授業形態が、ＯＥＣＤの読解力テストを解答するのに極めて有効だったと推測できる。

ＯＥＣＤの読解力テストは、日本で行われている国語のテストと著しく異なる。長い文章を読ませて、その内容について根拠を明らかにし、自分の意見を書かせる論述問題が全体の三割もある。日本の高校生はこの論述問題が特に苦手で、問題によっては、白紙で出す生徒が三割も四割もいる。

ところが、フィンランドの生徒はこのような論述式問題が得意なのである。ある論述式の長文問題では、日本の無解答が四一％もいるのにフィンランドは一〇％しかいなかった。それは、大量の資料を読んで自分の意見を発表するという学習形式に慣れているからである。

## 五　本を読まない子どもが国力を低下させる

ＯＥＣＤの調査では読解力のレベルを六段階に分けた。その中で最高のレベル５の生徒が、フィンランドは一九％いる。しかし日本には一〇％しかいない。レベル５の生徒の比率は、日本は三十二か国中十一位である。日本の生徒が数学や理科に優れていることは有名だが、読解力の優れた生徒の比率は先進国の中では下位なのである。

ＯＥＣＤは「この最高レベルの生徒たちが国際経済に貢献できる。」と言っている。

本を読まない日本の子どもたちによって、日本の国力が低下していくことを憂慮する必要がある。

## 六　多読と討論がこれからの読書教育に必要

毎日一時間以上読書する生徒の比率は、フィンランドが二二％なのに対し、日本は一二％で一〇ポイント低い。

また、毎日二時間以上読書するフィンランドの生徒の平均得点は五八四点だが、日本の生徒は五〇点以上低く五三〇点である。フィンランドでは、よく読書する生徒の比率が日本より高く、しかもそれらの生徒の得点は際立って高い。

その理由として、大量の本を読んで討論し、問題解決する授業形態が挙げられる。つまりフィンランドでは、多読させることによって、生徒の読解力を高める教育を行っていると言える。

## 七　精読から多読へ

私は高校の教師を辞めてから、文化庁の調査官を五年間務めた。そのとき、役人の力量は、大量の文章を正確に理解した上で提案したり、問題解決したりするコミュニケーションの力であることを確信した。つまり多読とコミュニケーションである。いくら学歴が高くてもこの力がなければ有能とは言えない。民間企業でも同様だろう。子どもたちが社会で成功するためには、何よりもこの力をつけてやるしかない。

何度かアメリカで調査した結果、多読が常識になっていることを知った。毎日一冊ずつ違った本を持ち帰らせて読ませる小・中学校を訪問したこともある。一日に何冊も絵本の読み聞かせをする教師もいる。各学校に必ず司書がいる。高校生や大学生のエリートは大量の本を読んで討論する。

「ごんぎつね」や「走れメロス」のような教材を、長い時間かけてじっくり料理する授業にも利点はある。しかし、精読ばかりでは読む力はつかないのではないだろうか。教科書を核として、関連する本を多読させる教育方法に改めないと、国際社会で立ち後れるばかりでなく、国内で役立つ人材を育成することもできない。

## 八　どうやって多読と討論を学ばせるか

欧米における読書討論会は次のような手順で行われる。
①子どもたちが好きな本を選び、数人で読む。
②子どもたちが課題を考えて話し合う。その際、教師は自分の読みを押しつけない。
これが実行されるためには、読む力とコミュニケーションの力が必要である。一朝一夕にはできない。

私はスペインに三度行き、「読書へのアニマシオン」という読書教育メソッドを学んできた。これは、どんなに本嫌いな子どもでも読書が楽しめるように工夫された、遊びやゲームを取り入れた読書法である。しかも明るく楽しいコミュニケーションを通して読みを深め合うから、多読と討論のできる子どもたちを育てるのにうってつけである。

ここ数年は、全国の教育センターや学校で教師や保護者や子どもたちとアニマシオンを楽しんできた。長崎県の小学生たちと遊んだこともある。またいつか長崎県の先生たちと楽しく遊べる機会があればと思う。

フィンランドの人口は五一九万人。小さな国だから思い切った教育改革ができ、それがフィンランドを読解力世界一に導いた。長崎県の人口は一四九万人。フィンランドよりもっと思い切った改革をして、読書と相互交流の輪が広がる日本一の読書県になってほしいものである。

## 参考文献

1　有元秀文編著『「相互交流のコミュニケーション」が授業を変える』、明治図書出版、二〇〇一年
2　有元秀文『子どもの「読む力」を引き出す　読書へのアニマシオン入門』、学習研究社、二〇〇二年
3　国立教育政策研究所編『生きるための知識と技能――ＯＥＣＤ生徒の学習到達度調査（ＰＩＳＡ）二〇〇〇年調査国際結果報告書――』、ぎょうせい、二〇〇二年
4　子どものコミュニケーション研究会編、有元秀文・輿水かおり監修『イラスト版　こころのコミュニケーション　子どもとマスターする49の話の聞き方・伝え方』、合同出版、二〇〇三年
5　コミュニケーション学習研究会（代表　有元秀文）編『「生きる力」の育成をめざした「コミュニケーション学習プログラム」の開発研究』（文部省委嘱研究）、二〇〇一年
http://www.nier.go.jp/arimoto/index.html に掲載

# 14　気持ちが伝えられる子を育てるには
## ――子どもの意識調査から――

### 一　自分の気持ちを表現できない子の実態

コミュニケーションが上手にできない子どもが増えているのではないか。自分の気持ちが上手に表現できない子どもは、キレやすかったりすぐ暴力を振るったり自分に閉じこもってしまうのではないだろうか。そう考えて、数年前に四千人近い児童生徒を対象にして、子どものコミュニケーションに関する意識調査を行った。（文献４）

その結果、予想を超えた結果がわかった。

①「学校で腹が立ったりいらいらすること」が「よくあった」小学生は一九％、「時々あった」小学生は四五％。合計すると六四％が頻繁に腹を立てたりいらいらしていることがわかる。中学生では、「よくあった」が二三％、「時々あった」が五四％、合計七七％に増える。

②ところが、「自分は学校ではよい子のふりをしている」について、「とてもそう思う」と答えた中学生は四％、「時々そう思う」と答えた中学生は一九％。合計二三％がよい子の仮面をかぶっている（小学生では不調査）。

③また、「みんなに合わせるのに疲れる」に、「とてもそう思う」と答えた中学生は一〇％、「時々そう思う」

と答えた中学生は三三％。合計四三％が内心を隠して周りに合わせている（小学生では不調査）。

④さらに、「本当の気持ちや意見を言ったら嫌われると思う」に「とてもそう思う」と答えた小学生は一二％、「時々そう思う」は二四％。合計すると、小学生の三六％が本当の気持ちを言わない。中学生では、「とてもそう思う」が一〇％、「時々そう思う」が二七％。合計すると中学生の三七％が本当の気持ちを言わない。

要するに、小学生も中学生も頻繁に腹を立てたりいらいらしたりしているのに、「よい子のふり」をしたり、周りに合わせたり本当の気持ちを言わなかったりして、「自分の気持ち」はなかなか伝えられないことがわかった。

## 二　教師は子どもの気持ちを受け止めているか

それでは、親や教師は子どもの気持ちを受け止めているだろうか。親や教師に自分の気持ちを受け止めてもらえなければ、子どもは自分の気持ちを伝えられるはずがない。

まず、教師と子どものコミュニケーションはうまくいっているだろうか。

①「先生がよく話を聞いてくれた」に、「よくあった」と答えた小学生は四二％だが、中学生は一六％、高校生は八％。

②「先生が、よくわけを聞かないで怒った」ことが「よくあった」と「時々あった」を合計すると、小学生二〇％、中学生三六％、高校生三二％である。中学・高校では、約三分の一の生徒が「わけもわからず怒られて」いる。

③「困ったときに先生が相談にのってくれた」ことが「よくあった」のは、小学生一六%、中学生七%、高校生六%といずれも少ない。

④「自分のことをわかってくれる先生がいる」について「あまりそう思わない」と「全くそうは思わない」を合計すると、小学生二六%、中学生五八%、高校生七〇%である。

決して、全員ではないけれども、かなり多くの子どもたちは、教師との相互交流がうまくいっていない。わけも聞かないで怒られたり、困ったときに相談にものってもらえず、自分のことをわかってくれない教師に対して、子どもたちは心を開いて自分の気持ちを伝えるだろうか。

それでは、授業中には子どもは、自分の考えを表現できているのだろうか。

①「授業中、自分の意見を発表した」ことが「よくあった」のは、小学生二四%、中学生一七%、高校生六%である。

②「授業中、みんなで話し合った」ことが「よくあった」のは、小学生三一%、中学生一五%、高校生九%である。

授業中でも、「自分の意見を発表」したり、「みんなで話し合った」経験がよくある子どもは、小学校でも三分の一以下、中学では五分の一以下、高校では一〇分の一以下と非常に少ないことがわかる。

## 三　親や地域の人は子どもの気持ちを受け止めているか

「家で、腹が立ったりいらいらした」ことが「よくあった」のは、小学生三一%、中学生四〇%、高校生三七

%と、三分の一の子どもたちが頻繁にいらいらしていることがわかる。それでは、親は子どもたちの気持ちを受け止めているのだろうか。

①「親が、私のことをよくわかってくれなかった」ことが「よくあった」と「時々あった」を合計すると、小学生三二%、中学生四七%、高校生四九%である。

②「困ったときに親が相談にのってくれた」ことが「よくあった」のは、小学生三七%、中学生一七%、高校生一二%である。

教師と同じように親とのコミュニケーションも必ずしもうまくいっていない。

では、地域の人たちとのコミュニケーションはうまくいっているだろうか。

①「地域や近所の人と話をした」ことが「全くなかった」と「あまりなかった」を合計すると、小学生三三%、中学生五〇%、高校生六八%である。

②「親戚と話をした」ことが「全くなかった」と「あまりなかった」を合計すると、小学生二六%、中学生三七%、高校生五五%である。

おおよそ、三分の一以上の子どもたちは地域の人や親戚とのコミュニケーションがない。

## 四　どうすれば、気持ちの伝えられる子を育てられるか

これらの調査結果を見て、自分の気持ちが素直に自由に表現できる子どもを育てるために、大人がしなければならないことが明らかになってくる。

①子どもの気持ちをわかる。
②よく話を聞く。
③困ったときに相談にのる。
④わけも聞かないで怒らない。
⑤授業中に意見を発表させる。
⑥授業中に話し合いの機会をたくさんもたせる。
⑦親戚や地域の人たちとの交流の機会をもたせる。

ところが残念なことには、これらのことは、決して十分には行われていないことがわかった。

子どもとの温かで率直で相互交流のあるコミュニケーションを望まない教師はいない。円満で自由闊達でお互いが信頼し合って相互交流のできる家庭を望まない親もいない。しかし、それらを実現することは容易なことではない。

## 五　どうすれば、子どもの心を受け止めることができるか

多くの子どもたちが「教師にわけも聞かずに怒られた」と思ったり「教師がよく話を聞いてくれない」と思っている。子どもの心を受け止めるために受容と共感が大切なことはほとんどの教師が知っているだろう。しかし、実行することは決して容易ではない。

どうしても怒らなければならないことはあるだろう。『だから、あなたも生きぬいて』（講談社、二〇〇〇年）

の著者大平光代さんが非行から立ち直ったきっかけは、おじさんに激しく叱責されたからだ。しかし、「わけも聞かずに怒る」教師の怒りは、このように、人の一生を変えるような性質のものだろうか。高校で教えていた私の体験を思い出せば、怒りの理由は「遅刻を繰り返す」「頻繁にさぼる」「授業中に私語する」「言うことをきかない」「反抗的な態度をとる」「まじめにすべきときにふざけている」などといったことであった。怒っている私は子どものためだと思っているが、実は自分の保身のために怒っていたのではないか。私自身がばかにされたり体面を傷つけられたり立場を脅かされたりしたと思っていたからではないか。

どうしても必要な怒りはあるはずだ。しかし、それは本当はめったにないことなのではないか。いちばん教師が避けなければならないのは、怒ることが癖になってしまうことである。そうなると反射的にささいなことで子どもを叱責するようになってしまう。

今の教師は昔の教師に比べればはるかに怒らなくなったと思う。しかし、皆無ではない。そして、「わけも聞かずに怒る」ことは、子どもが心を閉ざす最大の壁だと思う。

## 六　子どもの心を閉ざす「コミュニケーションの二つの壁」

子どもの気持ちを受け止めるためには、このような、大人がつくる「コミュニケーションの壁」をなくすことである。子どもの気持ちを受け止めるために、絶対にやってはいけないことが、次の二つのコミュニケーションの壁である。

**【第1の壁】**　わけも聞かずに怒ること

大平光代さんが激しく叱られて立ち直ったのは、信頼する人から深い愛情と真心で叱られたからだろう。親や教師が、多忙から心のゆとりを失って腹を立てたり、自分を守るために、子どもの心に十分に耳を傾けないで怒るときは、容易に子どもに見抜かれる。そのとき、子どもの心には不信と怒りが渦巻き、二度と心を開かなくなるだろう。

今の教師は、仕事が増え子どもは扱いにくくなり肉体的にも精神的にもかつてない厳しい状況に追い込まれている。教師の心のゆとりを守るためには、ストレスを軽減するあらゆる対策が行われなければならない。しかし、このような状況であっても、子どもの気持ちを自由に伝えさせたかったら、子どもが「わけも聞かないで怒られた」と訴えるような機会をできる限り減らすようにしたいものである。

「わけも聞かずに怒られた」子どもは、心の中を見せなくなる。黙り込んだり嘘をつくようになる。

**【第2の壁】** 批判したり否定したりすること

授業中に子どもが発言しなくなるのはなぜだろう。生徒の発言を、教師が頭ごなしに否定したり批判したりするからではないか。大人の知識と判断力から見て、子どもの意見が途方もなく見当違いなのは当たり前である。大人の目で見ておかしいと思ったことをいちいち指摘すると子どもは口を開かなくなる。「二度と意見など言うものか」と思うだろう。子どもがおかしなことを言っていると思っても、十中八九は黙って受け止めてあげるとよい。そうすれば子どもは安心して自由に口を開くようになる。大人だって、批判されたり否定されたりするのが好きな人はいない。

もっと難しいのは、教師が子どもから面と向かって批判されたり攻撃されたりしたときだ。このときに謙虚に耳を傾けるのは至難の業である。しかし、攻撃された教師が我を忘れて、子どもの意見を徹底的に批判してしまえば、もう子どもの気持ちを引き出すことはできない。

もちろん、どうしても否定したり批判しなければならない状況はある。しかし、そんなときでも、教師が真に子どもの心に耳を傾ける態度をとれば、子どもとの相互交流の可能性は途絶えないはずである。

大人がこの二つの壁を取り払うためには、忍耐と訓練が必要である。しかし、努力の成果は計り知れないだろう。

## 七　子どもの心を開く傾聴のコミュニケーション

それでは、どういうコミュニケーションをすれば子どもの心を開き、子どもの気持ちを引き出すことができるのだろう。どんな学年の子どもにでも活発な議論をさせることができる小学教師を知っている。その秘密を明らかにするために、授業中の教師と子どもの発言をすべて文字化して分析した。

その教師はこんな言葉かけをしていることがわかった。

①子どもの発言を否定したり批判したりしないで、すべて共感して受容する。
②子どもの発言がよくわからないときは、問いただしたり補足したりする。
③発言が議論の本筋から逸れたときは、修正する。
④明らかな誤りは正す。
⑤教師の意見は言わない。押しつけない。

つまり、カウンセリングの傾聴のテクニックがすべて用いられている。しかし、コミュニケーションはテクニックではない。教師や大人の溢れるような愛情が子どもに伝わらなければ子どもは心を開かない。そして溢れるような愛情を受け、「わかってもらえた」と思い、自分の気持ちがのびやかに表現できる子どもたちは自分が好きになってくる。自分が好きな子どもは、話すときも書くときも、さらに自由に自己表現ができるようになるだろう。

先の調査で、「自分が好きだ」について、「あまりそう思わない」と「全くそうは思わない」を合計すると、小学生三五％、中学生五一％、高校生六〇％である。まだまだ私たち大人の努力が足りないのである。

なお、先の調査をもとに子どもたちのコミュニケーションを改善する授業を、小・中・高校二十五校で行った。その学習プログラムのすべてを下記のウェブサイトで公開しているので、ご一読いただきたい。

**参考文献**


1　有元秀文編著『「相互交流のコミュニケーション」が授業を変える』、明治図書出版、二〇〇一年

2　有元秀文『子どもの「読む力」を引き出す　読書へのアニマシオン入門』、学習研究社、二〇〇二年

3　子どものコミュニケーション研究会編、有元秀文・輿水かおり監修『イラスト版　こころのコミュニケーション　子どもとマスターする49の話の聞き方・伝え方』、合同出版、二〇〇三年

4　コミュニケーション学習研究会（代表　有元秀文）編『「生きる力」の育成をめざした「コミュニケーション学習プログラム」の開発研究』（文部省委嘱研究）、二〇〇一年

http://www.nier.go.jp/arimoto/index.html に全文掲載

## 15　多読と討論が国際的な子どもを育てる

### 一　フィンランドが、読解力世界一の背景

二〇〇〇年にOECDが、三十二か国の十五歳児を対象にして行った読解力テストで、世界一だったフィンランドには世界中の注目が集まった。人口がわずか五一九万人の小さな国が、読解力テストで群を抜いて世界一になった秘密はどこにあるのだろう。

日本でもNHKがフィンランドの教育の特集を二回行った。フィンランド教育省は教育改革によってカリキュラムを大幅に削減し、教師の自由裁量の範囲を拡大した。では具体的にどのような教育が行われているのだろう。NHKは、フィンランド国内で、OECD読解力テストの平均得点が最高得点だった中学を取材した。取材された社会科の教師は、四週間ごとに生徒に課題を与え、グループごとに新聞や雑誌や本で情報を収集させ、口頭発表の後討論させて課題を解決させる。つまり、大量の「読むこと」と「討論」による課題解決のプロジェクト学習をしていた。

このように、多読して得た情報をもとに、討論して課題を解決する学習方法が、OECDの読解力問題を解答して世界一の高得点を挙げるのに有効だったのではないか。

## 二　多読と討論がなぜ国際的な読解力なのか

ＯＥＣＤの読解力調査は、日本人がつくる様々な読解力テストとかなり異なる。ＯＥＣＤが考えた読解力の定義は次の通りである。

読解力とは、「自らの目標を達成し、自らの知識と可能性を発達させ、効果的に社会に参加するために、書かれたテキストを理解し、利用し、熟考する能力」である。

この定義の重要なキーワードは、「社会に参加する」である。つまり、社会に参加するために必要な「読解力」を求めているのである。

一例を挙げてみよう。「贈り物」という問題は四五〇〇字に及ぶ長文である。

**贈り物　要旨**

一人暮らしの女性主人公は、洪水に遭い、濁流に家を取り囲まれる。家は川に流され女性は不安な一夜を過ごす。そこへヒョウが訪れ、吠え声を立てながら家の中へ侵入しようとする。彼女は銃を撃つが弾は外れ恐怖で震えながら銃を構え続ける。吠え続けるヒョウを見るうちに彼女は憐憫の情を起こし食べ残りのハムを投げ与える。彼女が次に目覚めたときヒョウは去りポーチの上には、かじられたハムが白い骨になって残っていただけだった。（文献2、二二三頁）

女性の心理描写だけを描いた純然たる文学作品であるが、問題は、日本人が作成するものとかなり異なる。

**問1：**以下は、「贈り物」を読んだ二人の会話の一部です。
話し手1　ぼくは、物語のなかの女性は心が冷たく残酷だと思う。
話し手2　どうしてそう言えるの？　私は、彼女はとても思いやりのある人だと思うわ。
この二人が自分の意見を証明するには、それぞれどう言えばよいでしょうか。この物語からそれぞれの証拠をさがして、次に示してください。（文献2、二二六頁）

この問題は、次の二点で、「社会参加に必要な読解力とは何か」を示している。
①長い文章を、討論形式で批判させる。
②批判の根拠を本文から指摘させる。
予想される通り、フィンランドと比べると、この問題のわが国の正答率は低く、無答率は高い。（表15-1）
この読解力調査で、わが国の「総合得点」は統計的にはフィンランドに次ぐ二位グループに属する。つまり、読解力の潜在能力は高いはずである。にもかかわらず、こういった問題が不得手な理由は、この種の「長文を読んで討論する」という学習形式に慣れていないからだと思われる。
無答率が極端に高かったのは、次の問である。

表15-1

| | 正答率 | 無答率 |
|---|---|---|
| フィンランド | 79% | 7% |
| 日　　本 | 65% | 17% |

> 問7：「贈り物」の最後の文が、このような文で終わるのは適切だと思いますか。最後の文が物語の内容とどのように関連しているかを示して、あなたの答えを説明してください。（文献2、二三三頁）

この問題も、本文から根拠を挙げさせて自分の意見を述べさせる問題であるが日本の無答率が極端に高い。（表15-2）

日本の無答率は四一％でフィンランドの四倍である。

表15-2

| | 正答率 | 無答率 |
|---|---|---|
| フィンランド | 44％ | 10％ |
| 日　　本 | 34％ | 41％ |

## 三　なぜ「根拠を明らかにした意見」が書けないか

日本の生徒が「根拠を明らかにした意見」が書けない理由は、そういう訓練を受けていないからである。本文なしで「四季の中でどれがよいか書け」などという作文問題や本文はあっても漠然と「感想を書け」などという問題は、日本では今も行われているがこれでは、「社会参加」に必要な「根拠を明らかにした意見」は書けるようにならない。

長文を読んで「本文から根拠を挙げて、本文を批判せよ」という問題を見ると経験がないから面食らってしまうのである。しかし、これが国際社会で求められている「社会参加に必要な読解力」なのである。ふだんの授業で、大量の文章を読んで、文章から根拠を挙げて討論する訓練をしなければこういう問題はとけない。日本の国語教育は根本的な方向転換を迫られているのである。

このOECDの調査で、「先生は生徒に自分の意見を述べさせてくれる」と生徒に質問した結果が表15-3である。（文献2、八〇頁）

フィンランドでは「まったくない」がわずか四%であることに注目したい。日本の生徒はフィンランドや欧米諸国に比べて意見発表の機会も少ない。話す機会が少なければ書くことも困難なはずである。

表15-3

| | まったくない | 毎回の授業である |
|---|---|---|
| フィンランド | 4% | 39% |
| 日　本 | 10% | 31% |

表15-4

| | 読書時間 | | 読解力得点 | |
|---|---|---|---|---|
| | 0 | 1～2 | 0 | 1～2 |
| フィンランド | 22% | 18% | 498 | 577 |
| 日　本 | 55% | 8% | 514 | 541 |

## 四　読書量と読解力の強い相関関係

「あなたは、毎日、趣味としての読書をどのくらいしますか」という問に生徒が答えた結果が表15-4である。（文献2、八二頁）読書時間が0の日本の生徒は、フィンランドの倍以上いて、際だって高い。

一～二時間の生徒は、日本はフィンランドの半分以下である。日本の生徒はフィンランドの生徒よりはるかに本を読まない。フィンランドの高得点は読書量の多さに支えられていると推論することができる。

表15-4の右半分は、読書時間が0の生徒と一～二時間の生徒の読解力の総合得点である。

日本の場合、読書時間が0の生徒の平均得点は五一四点だが、一～二時間の生徒の得点は五四一点で二七点高い。つまり、よく読書する生徒は読解力の得点が高い。ところが、フィンランドは読書時間が0の生徒の平均得点と一～二時間の生徒の得点の差が七九点もある。つまり、よく読書する生徒が際だって得点が高い。これは、よく読書する生徒が高い得点が取れるような教育が行われているのではないか。冒頭に述べたような「多読と討論」による課題解決学習が行われているからではないか。

## 五　どうしたら「多読と討論」に導けるか

何度かアメリカの学校を訪問して、幼稚園から高校生に至るまで熱心に多読が推進されていることを目撃した。幼児でも高校生でも読んだ後は必ず話し合いがある。フィンランドも同じことを効率的にやっているだけだと思う。

まず、読書＝文学作品という考えを変えなければならない。あらゆる教科で多く読んで話し合うことが必要である。

大量の文字情報を正確に理解して意見発表し討論して課題解決することが「社会参加」に必要なのである。

そのための条件が整っていないと嘆いていても始まらない。絵本一冊あれば「読書へのアニマシオン」で楽しく話し合うことができる。幼児期から読書とコミュニケーションを楽しむ習慣を身につけさせたい。総合は図書資料を活用して討論する絶好の機会である。

それには、まず精読に偏りすぎていた国語教育が、「多読と討論」へ方向転換し全教科を牽引していく必要がある。

## 参考文献

1　有元秀文『子どもの「読む力」を引き出す　読書へのアニマシオン入門』、学習研究社、二〇〇二年

2　国立教育政策研究所編『生きるための知識と技能——ＯＥＣＤ生徒の学習到達度調査（ＰＩＳＡ）二〇〇〇年調査国際結果報告書——』、ぎょうせい、二〇〇二年

3　子どものコミュニケーション研究会編、有元秀文・輿水かおり監修『イラスト版　こころのコミュニケーション　子どもとマスターする49の話の聞き方・伝え方』、合同出版、二〇〇三年

4　http://www.nier.go.jp/arimoto/index.html

# 16　ＯＥＣＤ調査によるわが国の高校生の読解力とその背景

## 一　この研究の目的

この研究のねらいは、ＯＥＣＤ調査の結果を分析して、国際基準から見たわが国の高校生の読解力とその背景を明らかにすることである。

ここでＯＥＣＤ調査と呼んだものは、ＯＥＣＤが二〇〇〇年に行ったＰＩＳＡ（生徒の学習到達度調査）である。（文献1、2、3）二〇〇〇年調査では読解力を中心分野とし、三十二か国から二六万人の十五歳児が参加し、わが国からは高校一年生五三〇〇人が参加した。

わが国が、読解力でこのように大規模な国際調査に参加することは初めてである。従って、歴史上初めて、欧米人が国際的な基準で作成した問題で、わが国の高校生の読解力が国際的な位置とその背景を明らかにすることができる。

## 二　読解力の枠組み

この調査では、読解力（reading literacy）を次のように定義する。

自らの目標を達成し、自らの知識と可能性を発達させ、効果的に社会に参加するために、書かれたテキストを理解し、利用し熟考する能力

この読解力を次の三つの側面に分けて測定した。

①情報の取り出し（Retrieving Information）テキストに書かれている情報を取り出す。

②テキストの解釈（Interpreting Text）書かれた情報の意味を理解したり推論したりする。

③熟考と評価（Reflection and Evaluation）テキストを生徒の知識や考え方や経験と結びつける。

この三つの側面を総合的にとらえた読解力を「総合読解力」と呼ぶ。

## 三　読解力の国際比較

総合読解力の得点は、ＯＥＣＤ平均五〇〇点に対して日本は五二二点であり、二十七か国中八位である。日本は一位のフィンランドより二四点低い。ただし、一位のフィンランドとは統計的に有意差があるが、二位以下の国とは有意差がない。

上記の三側面と総合読解力について得点を次の六段階の習熟度レベルに分けた。

レベル５（六二六点以上）　　レベル４（五五三～六二五点）
レベル３（四八一～五五二点）　レベル２（四〇八～四八〇点）
レベル１（三三五～四〇七点）　レベル１未満（三三五点未満）

日本は、レベル３、４の中等度の読解力の生徒が多く、最も高いレベル５とレベル１以下の低い読解力の生徒が少ない。中等度が多い傾向が日本に最も近いのは韓国である。レベル５はＯＥＣＤ平均一〇％に対して、日本は一〇％、韓国は六％である。レベル３とレベル４の合計は、ＯＥＣＤ平均五一％に対して、日本は六二％、韓国は七〇％である。レベル１とレベル１未満の合計は、ＯＥＣＤ平均一八％に対して日本が一〇％、韓国は六％である。

さらに、レベル５の生徒を、前述の三つの側面に分けて見ると、日本は、〈熟考と評価〉は一六％とＯＥＣＤ平均（一一％）より高く、〈情報の取り出し〉も一五％とＯＥＣＤ平均（一二％）より高い。しかし、〈テキストの解釈〉は八％とＯＥＣＤ平均（一〇％）より低く、フィンランド（二四％）の三分の一であり、二十七か国中十七位である。また、フィンランド（五五五点）と比べると、日本（五一八点）は三七点低い。

つまり、「知識や経験と結びつけたり情報を正確に取り出すこと」が得意な生徒は多いが、「解釈したり推論したりする」問題がよくできる生徒は、国際的に際だって低い。

さらに、公開された具体的な問題の中で、どのような問題の正答率が高く、どのような問題の正答率が低く、無答率が高いのかを明らかにし、その理由について考察したい。

# 四　読解力問題の正答率・無答率とその理由

## 1　日本人の正答率が高い問題例

公開された問題の中で、日本の高校生の正答率が特に高い問題例は次のとおりである。

**ア**〈労働力に関する問題　問1（解釈）〉

ある国の労働力がどのように下位区分されるかを表した樹形図を読みとる問題で、ＯＥＣＤ平均が六三％に対して日本は七二％と九％高い。

この問題は長い文章を読みとる必要がなく、図の一部について簡単な解釈ができれば解答できる。解答方法も択一式で、表現する必要がない。

**イ**〈チャド湖に関する問題　問1（情報の取り出し）〉

チャド湖の水位の歴史的な変化を示すグラフを読みとる問題で、ＯＥＣＤ平均が六五％に対して、日本は七七％と一二％高い。この問題も択一式で解答する問題である。

**ウ**〈アマンダと公爵夫人に関する問題　問3（解釈）〉

戯曲に明示されているト書きを読みとって、小道具、音響技師などが、何を実行しなければならないかを書き抜かせる問題で、ＯＥＣＤ平均が四四％に対し日本の平均は六四％と二〇％高い。この問題も文章の一部を読みとって書き抜く問題で、表現する必要がない。

**エ**〈人事部に関する問題　問2（情報の取り出し）〉

会社の社内報の一部分を読みとって、必要な情報を書き抜く問題で、ＯＥＣＤ平均が三一％に対して日本は六七％と三六％高い。

**オ**〈新しいルールに関する問題　問１（解釈）〉

技術の進歩に関する社説を読んで、事実を読みとる問題で、ＯＥＣＤ平均が四八％に対して日本は六三％と一五％高い。文章の一部を読みとって書き抜く問題である。

つまり、ＯＥＣＤ平均より日本の得点が特に高い問題には次の特徴がある。

①図や文章の一部分を読みとって判断するだけで、図や文章の全体構造を理解しなくても解答できる。（ア、イ、ウ、エ、オのすべてが該当）

②解答方法は、選択したり書き抜くだけで、自分で考え、根拠を挙げて意見を文章で表現する必要がない。（ア、イ、ウ、エ、オのすべてが該当）

## 2　日本人の正答率が低く、無答率が高い問題例

公開された問題の中で、日本の高校生の正答率が低く、無答率が特に高い問題例について、具体的に分析したい。

**カ**〈落書きに関する問題　問２（解釈）〉

落書きについて、ヘルガとソフィアという二人の生徒が、メールに書いた賛否両論の意見についての問である。問題文の要旨は次のとおりである。

ヘルガのメールは、落書き否定論である。「学校の壁の落書きに腹を立てている。建築物を台無しにし、

オゾン層を破壊するからだ」と言う。

ソフィアのメールは、落書き肯定論である。「世の中にあふれた広告は許されて、なぜ落書きは許されないのか。落書きもコミュニケーションの手段で芸術だ」と言う。

問2：ソフィアが広告を引き合いに出している理由は何ですか。

この正答率は、OECD平均が五三％に対して日本は四二％と一一％低い。また、全く答えを書かない無答率はOECD平均が一〇％に対して日本は二九％と一九％高い。アメリカの正答率は四六％だが無答率は四％である。カナダ（五％）アイルランド（五％）も無答率が低い。

この問題は、ソフィアが広告と落書きを対比した理由を論理的に説明する必要がある。

**キ**〈警察に関する問題　問3（解釈）〉

次のような「警察の科学的な武器」という雑誌記事についての問である。

殺人事件が発生し容疑者が容疑を全面的に否認している。しかし、警察も判事もこの容疑者が嘘をついていると確信している。

それを立証するために、現場に残された毛髪を分析し、DNAの遺伝情報を明らかにし、容疑者のものと同一かどうかを判定するという科学的な捜査方法が説明されている。

問3：この文章で作者の最大の目的は何ですか。次のうちから一つ選んでください。

A　警告すること　B　楽しませること　C　情報を伝えること　D　納得させること

正答のCを選択した生徒は五〇％にすぎずOECD平均の八一％を大きく下回っている。この理由は、文章全体の論理構造を理解することができなかったからではないかと思われる。

**ク**〈インフルエンザに関する問題　問2（熟考・評価）〉

予防接種に関する社内報の文章についての問である。社内報の要旨は次のとおりである。

「ウイルスに負けない最善の方法は、抵抗力のある体を維持することだ。ウイルスを予防する第二の方法として集団予防接種を計画した」とし、次に「予防接種を受けた方がいい人」「予防接種を受けてはいけない人」について解説してある。

**問2**：この通知の内容（何を述べているか）について考えてみましょう。そのスタイル（内容を伝える方法）について考えてみましょう。町田さんは、この通知を親しみをこめて誘いかけるスタイルにしたいと考えました。うまくできていると思いますか。通知のレイアウト、文体、イラストなどについて詳しく述べながら、そう考えた理由を説明してください。

この問の無答率がOECD平均二二％に対して日本は四二％と二〇％高い。この理由は、文体などについて「文章全体と照らし合わせながら分析する」経験が少ないからであろう。

**ケ**〈贈り物に関する問題　問3（解釈）〉

三ページにわたる、次のようなあらすじの長文の文章が問題文である。

主人公の女性の家は、洪水のために濁流に襲われて孤立する。そこにヒョウが現れ、家の周りをうろつき窓ガラスを破る。彼女は初めは銃で撃つが、ヒョウも飢えていることに気づきハムを投げ与える。

**問3：**以下は、物語の中でヒョウについて書いてあるうちの、前半の一部です。
「彼女はほえ声で目をさました。あまり苦しそうな声だったので……」「答えるようにほえ声が繰り返されたが、こんどは前よりかん高くない、疲れた響きで……」「あの苦しんでいるようなほえ声を遠くで聞いたことはある。」物語の後半で起こったことを考えると、著者はヒョウを登場させるにあたって、なぜこういう書き方をしたのでしょうか。あなたの考えを述べてください。

この問の無答率は、OECD平均が一八％に対して日本は三〇％と一二％高い。アメリカの無答率は六％である。この理由は、物語の全体構造を把握して、筆者の構想を理解して表現することができないからであろう。

**コ**〈贈り物に関する問題　問5（解釈）〉

**問5：**この物語では、この女性がヒョウに食べ物を与えた理由を暗示しています。それは何ですか。

この問題の正答率は、OECD平均五七％に対して日本は四三％と一四％低い。また無答率は、OECD平均一三％に対して日本は三四％と二一％高い。フィンランドの無答率は五％である。

この問題の正答率が低く無答率が高い理由は、①物語の全体構造を理解して、②登場人物の行動の理由を本文の中から根拠を見つけて説明することが不得手だからではないか。

**サ**〈贈り物に関する問題　問7（熟考・評価）〉

> **問7**：「贈り物」の最後の文が、このような文で終わるのは適切だと思いますか。最後の文が物語の内容とどのように関連しているかを示して、あなたの答えを説明してください。

日本の完全正答は一二%とOECD平均より九%低い。完全正答率の高い国を見ると、カナダ（三五%）、イギリス（三二%）などでありいずれも日本の倍以上である。

また、OECD平均の無答率は二一%であるが、日本は四一%と約二倍であり、参加国の中で際だって高い。無答率がとくに低いアメリカは八%である。

要約すると、正答率が低く無答率が高い問題には次のような特徴がある。

①文章全体の論理構造と目的や主題を正確に理解させる。（カ、キ、ク、ケ、コ、サ）

②根拠を明らかにして自分の言葉で表現させる。（カ、ク、ケ、コ、サ）

③文体について文章全体の内容と照らし合わせながら分析して評価させる。（ク、ケ）

## 五　生徒の読解力の背景

生徒に対する「生徒質問紙」と学校長に対する「学校質問紙」の結果の分析を通して、日本の高校生の読解力の背景を探りたい。そのために、主として、総合読解力の得点が一位のフィンランド、習熟度別の分布が日本に最も近い韓国と比較する。

### 1　国語の授業で意見を述べさせるか

生徒が受けている国語の授業で、「先生は、生徒に自分の意見を述べさせてくれる」ことがどのくらいあるか尋ねた。(生徒質問紙)

ＯＥＣＤ平均と比較すると、「まったくない」と答えた生徒はＯＥＣＤ平均七％に対して日本は一〇％と三％高い。また、「毎回の授業である」と答えた生徒はＯＥＣＤ平均三八％に対して、日本は三一％と七％低い。

日本の無答率が高い問題は次の五問である。

①落書きに関する問題　問2　　②インフルエンザに関する問題　問2
③贈り物に関する問題　問3　　④贈り物に関する問題　問5
⑤贈り物に関する問題　問7

「毎回の授業である」と答えた割合の高い国、七か国と、習熟度レベル別の得点が日本と近い傾向にある韓国について、①〜⑤の問の無答率について調べてみた。(表16-1)

**表16-1**　「毎回の授業で自分の意見を述べさせる割合」と無答率

| 毎回の授業で意見を述べさせる割合↓ / 国名 | | 各問の無答率 | | | | |
|---|---|---|---|---|---|---|
| | | ① | ② | ③ | ④ | ⑤ |
| オーストラリア | 48% | 6% | 13% | 11% | 10% | 15% |
| イギリス | 47% | 7% | 12% | 10% | 9% | 18% |
| カナダ | 42% | 5% | 13% | 8% | 7% | 12% |
| アイルランド | 42% | 5% | 11% | 8% | 6% | 12% |
| ニュージーランド | 41% | 6% | 13% | 10% | 9% | 14% |
| アメリカ | 41% | 4% | 13% | 6% | 7% | 8% |
| フィンランド | 39% | 9% | 14% | 8% | 5% | 10% |
| 韓国 | 16% | 6% | 23% | 16% | 6% | 18% |
| 〈日本〉 | 31% | 29% | 42% | 30% | 34% | 41% |
| ＯＥＣＤ平均 | 38% | 10% | 22% | 18% | 13% | 21% |

表16-1には「毎回の授業で意見を述べさせる割合」が高い七か国（日本、韓国を除く）について、五つの問の無答率が示してある。この七か国は、例外なく無答率がＯＥＣＤ平均より低い。一方、日本は「毎回の授業で意見を述べさせる割合」がＯＥＣＤ平均より低く、上記の七か国より一〇％以上低い。また、各問の無答率は、ＯＥＣＤ平均より倍近く高く、上記七か国よりも倍以上高い。

このことから、日本の高校生がとくに記述式問題で無答率が際だって高い一つの理由は、「毎回の授業で意見を述べさせる割合」が低いことと関連があるのではないか。

## 2　読書活動と総合理解力との関連（生徒質問紙）

◆「毎日、趣味としての読書をどのくらいしますか」という問に「趣味で読書することはない」と答えた生徒はＯＥＣＤ平均三二％に対して日本は五五％と二三％高く、参加国中最も高い。また、「毎日一時間以上二時間未満読書する」と答えた生徒は、OECD平均一一%に対して八%と三%低い。「一時間以上二時間未満」と「二時間以上」を合計すると日本（一二%）に対して、フィンランド（二二%）は一〇%、韓国（一八%）は六%高い。

読書量と総合読解力の得点の関連を見ると、「毎日一時間以上二時間未満」の生徒の得点は、「趣味で読書することはない」生徒の得点より、OECD平均では五二点高い。しかし日本は二七点の差しかない。また韓国も四一点の差しかない。これは、読書しない生徒の平均得点がOECD平均より、日本は四〇点高く、韓国も二九点高いからである。つまり日本と韓国には読書しない生徒でも高い得点を取れる何らかの要因があると思われる。

一方、フィンランドは、「毎日一時間以上二時間未満」の生徒の得点は「趣味で読書することはない」生徒の得点より七九点高い。

フィンランドの差が大きい理由は、「毎日一時間以上二時間未満」の生徒の得点がOECD平均より五一点高く、読書する生徒の得点が際だって高いことにある。

◆「どうしても読まなければならないときしか、本は読まない」に「とてもよくあてはまる」と答えた生徒は、OECD平均一三%に対して日本は二二%と九%高く、際だっている。「とてもよくあてはまる」が低い国は韓国、フィンランドでいずれも八%である。

◆「本を最後まで読み終えるのは困難だ」に「とてもよくあてはまる」と答えた生徒は、OECD平均九%に対して日本は一七%と八%高く、際だっている。「とてもよくあてはまる」が低い国は、フィンランド（八%）、韓国（九%）である。

◆図書館の利用頻度を見ると、「趣味としての読書のために学校や公共の図書館から本を借りる」ことが「まったくかほとんどない」割合は、OECD平均が四一％に対して日本は五二％と際だって高い。一方フィンランドは、二〇％と際だって低い。

フィンランドの高得点の理由は、①読書時間の長い生徒が多いこと、②読書意欲の低い生徒が少ないこと、③図書館の利用頻度が高いこと、④読書時間が長く読書意欲が高く図書館の利用頻度が高い生徒の得点が際だって高いこと、と関連があると推測できる。

また、韓国の無答率が日本より低い理由も、韓国の生徒の読書時間、読書意欲、図書館の利用頻度が日本より高いことと関連がある可能性がある。

それでは、なぜ日本の生徒は読書活動が低調なのに読解力の得点が高いのであろう。また、日本と韓国では、なぜ読書活動や読書意欲の低い生徒の得点が高いのであろう。

### 3　学級や国語の授業の雰囲気と総合読解力得点（学校質問紙）

調査対象校の学校長を対象にして学校質問紙を実施した。この結果から、国語の授業を成立させる背景になる教室の雰囲気などが明らかになる。

学校質問紙によって、「生徒による授業妨害」が、「まったく学習の支障になっていない」と答えた割合は、OECD平均一三％に対して日本は六一％、韓国四二％と際だって高い。

この調査では、学校質問紙の項目を統計的に合成して、「生徒が肯定的・良好な学級の雰囲気を持っていること」を数値化した「学級雰囲気指標」を算出した。（この数値が大きいほど肯定的・良好な学級の雰囲気を持っていることを示す）この数値と総合読解力の得点の間には統計的な有意差が認められる。その結果、日本の数値は〇・

六九と、トップの韓国（〇・九二）に次いで国際的にトップクラスである。

また「国語の授業の雰囲気がよいこと」を数値化した指標もOECD平均〇・〇〇に対して〇・四九と国際的にトップクラスである。韓国も日本に次いで〇・二〇と高く良好である。

また、学校を欠席したことが「まったくなかった」生徒の割合は、OECD平均が六三％に対して、日本が八六％、韓国は八〇％と際だって高い。学校をサボったことが「まったくなかった」生徒の割合も、OECD平均が八〇％に対して、日本が九三％、韓国が九四％と際だって高い。

このことから、日本と韓国の学校や学級の雰囲気が国際的に見て極めて良好であることがわかる。またこのことは、日本と韓国では、読書しない生徒でも高得点を挙げている一つの理由ではないかと推測される。

## 六　結論

OECDが二〇〇〇年に行ったPISA（生徒の学習到達度調査）の分析を通して、次のようなわが国の国語教育の課題が明らかになった。

①最も高い習熟度の生徒が、トップクラスの諸国に比べて際だって少ない。
②記述式問題の無答率が、トップクラスの諸国に比べて際だって高い。
③読書活動と読書意欲が際だって低い。

記述式問題で、わが国の高校生の正答率が低く無答率が高い問題は、⑴文章全体の論理構造や主題を正確に理解し、⑵理解したことを根拠を明らかにして自分の言葉で表現させる問題である。

このように、記述式問題で無答率が高い理由は、国語の授業中に「自分の意見を述べさせる」割合が国際平均より低いことと関連すると思われる。また、読書活動や読書意欲が際だって低いこととも関連する可能性がある。フィンランドが総合読解力で最高得点を収めている理由は、読書活動が活発で読書意欲の高い生徒の得点が際だって高いこと、と関連があると推測できる。

これらの結果から考えて、国際調査から見た国語教育の課題は、次の二つに要約できる。

①読書教育を推進し、児童生徒の読書意欲を刺激し読書活動を活発にすること。

②長い文章の全体を正確に理解した上で、根拠を明らかにして論理的に自分の考えを表現できる児童生徒を育成するために指導方法を改善すること。

**参考文献**

1　国立教育政策研究所編『生きるための知識の技能――ＯＥＣＤ生徒の学習到達度調査（ＰＩＳＡ）二〇〇〇年調査国際結果報告書――』、ぎょうせい、二〇〇二年
2　OECD, *Knowledge and Skills for Life: First Results from PISA 2000*, 2001.
3　http://www.oecd.org

# 17　国際的な読解力を育てるための指導方法の改善

## 一　OECDが行った国際的な学力調査で、読解力だけが低水準だった

OECD（経済協力開発機構）は、二〇〇三年に二回目の「生徒の学習到達度調査」（PISA：ピサではなくピザと発音する）」を行った。四十一か国・地域から約二七万人の十五歳児が参加し、わが国では、全国の高等学校等の一年生から約四七〇〇人の生徒が参加した。

日本の平均得点は二〇〇〇年調査では八位（五二二点）だったが二〇〇三年調査では、OECD平均と同程度の十四位（四九八点）に低下した。これは、移民の子が多いアメリカなどと同程度で、低下幅は参加国中最も大幅であった。一方、数学と理科は一位グループで、世界最高水準であった。日本の高校生は、なぜ、読解力だけが低水準なのだろう。

## 二　日本の高校生は何ができなかったか？

二〇〇三年調査で、日本の高校生は次のように自由記述問題が不得手なことがわかった。

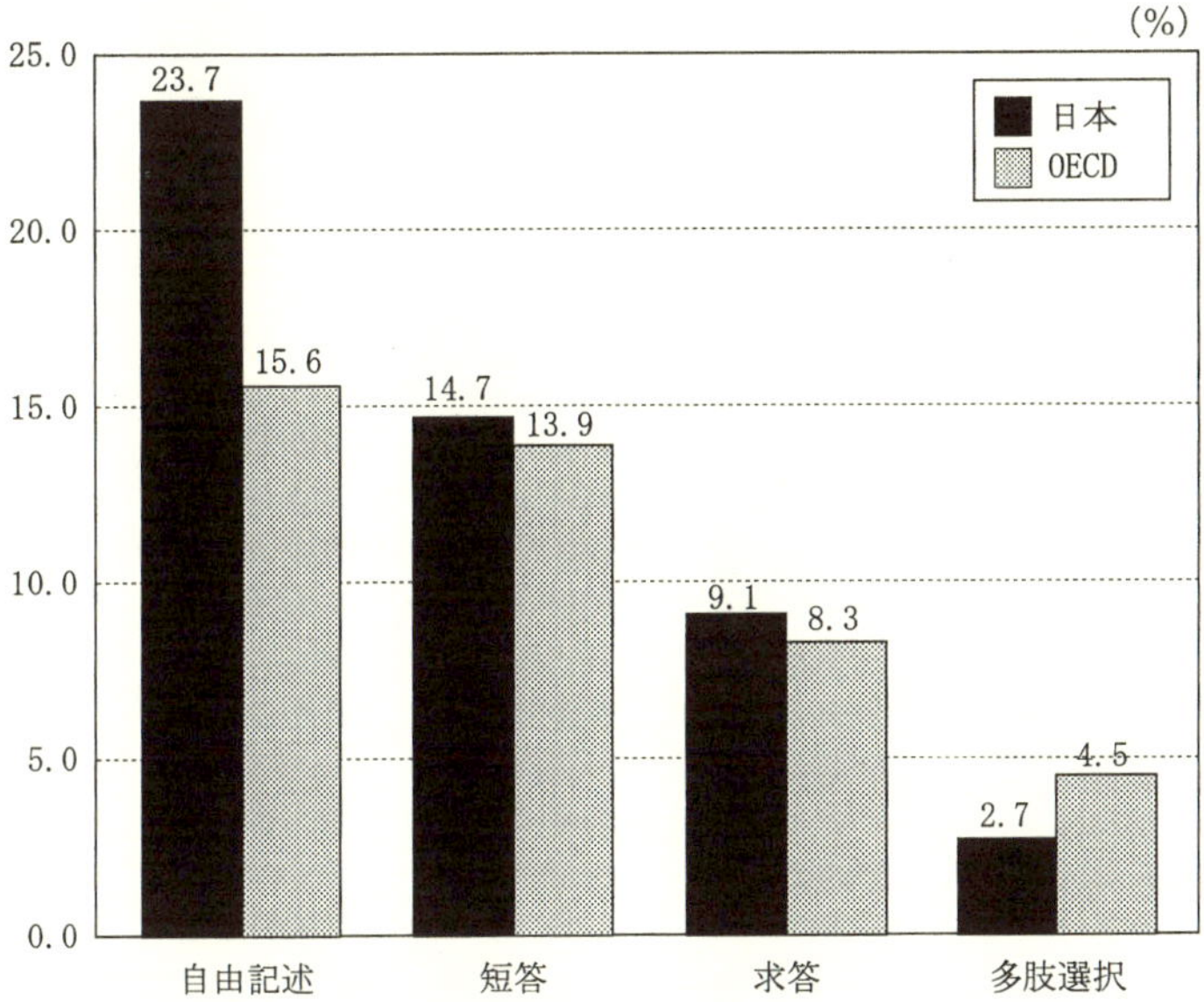


**図17-1　PISA2003　出題形式別無答率**

（注）「求答」とは自由記述の短答の中で答が一つだけのものである。

・ＯＥＣＤ平均より正答率が五ポイント以上低い問題の半分は自由記述である。
・ＯＥＣＤ平均より無答率が五ポイント以上高い問題の八割は自由記述である。
・二〇〇〇年に比べ、二〇〇三年に無答率が五ポイント以上上昇した問題の七割は自由記述である。

図17-1を見ると、自由記述形式の問題で、日本の無答率はＯＥＣＤの平均得点より八％高いことがわかる。多肢選択形式では逆に日本の無答率はＯＥＣＤ平均より低いことに注目されたい。

日本の高校生の読解力が低水準な理由の一つは、自由記述問題の無答率が高いことにあるのは間違いないだろう。

では、日本の高校生はなぜＰＩＳＡの自由記述問題に答えられないのだろうか。

## 三　ＰＩＳＡの問題は、日本の国語のテストとどこが違うか？

ＰＩＳＡの問題が、通常日本で行われる国語のテストと違うのは次の点である。

①実際社会で直面する生きるために必要不可欠な実際的な課題が対象になる。

②通常の文章は六割に過ぎず、実用的な図表・地図などが四割を占める。

③従来の国語教育の枠を越えて理科や社会科に関連する幅広い話題が含まれている。

④問題形式は、自由記述形式が四割で、自由記述問題の占める割合が通常日本で行われる国語のテストよりかなり高い。

⑤読んだことについて、「自分の意見を表現する」ことが求められる。日本の読解問題は選択式が多く、記述式があっても「自分の意見」を問われることは少ない。

⑥本文の内容や文体について「評価したり批判したりする」ことが求められる。これも国語ではほとんど行われない。

⑦意見を書くときには、「課題文に書かれたことを根拠にする」ことが厳しく求められる。つまり、課題文に書かれてない根拠を挙げると正答にならない。

①〜⑦は欧米の言語技術教育で広く行われていることである。しかし、わが国ではこれらのいずれも一般的には行われていない。要するに、わが国の国語の問題は国際基準と著しく隔たっている。日本の高校生が自由記述問題に答えられない最大の理由はこの「国語教育の文化差」にあると推測される。

ＰＩＳＡの読解問題は、次の三種に分類される。

・熟考・評価：本文を正確に理解した上で、自分の知識や考え方や経験と結びつけて〈熟考・評価〉したり本文を根拠にして自分独自の意見を表現したりする。

・解釈：本文を正確に理解した上で、論理的に推論して〈解釈〉したり本文を根拠にして自分独自の解釈を表現したりする。

・情報の取り出し：本文を正確に理解した上で、本文の中の〈情報〉を取り出す。

とりわけ、日本人の無解答が多いのは、このうち「自分独自の意見を表現する」ことが求められる「熟考・評価」の問題である。二〇〇三年調査で、「熟考・評価」はＯＥＣＤの無答率が一二％に対して日本の無答率は一七％である。これは、日本の高校生が国語だけでなくあらゆる教科の授業やテストで「自分独自の意見を表現する」機会が少ないからであろう。事実、二〇〇〇年調査では、国語の授業で「自分の意見を述べることがまったくない」生徒は、日本が先進国中際だって高いことがわかった。

## 四　具体的な問題例と〈国際的な読解力を育てるための六つの対策〉

**落書き**（文献２）

学校の壁の落書きに頭に来ています。壁から落書きを消して塗り直すのは、今度が四度目だからです。創造力という点では見上げたものだけれど、社会に余分な損失を負担させないで、自分を表現する方法を探すべきです。

禁じられている場所に落書きするという、若い人たちの評価を落とすようなことを、なぜするのでしょう。プロの芸術家は、通りに絵をつるしたりなんかしないで、正式な場所に展示して、金銭的援助を求め、名声を獲得するのではないでしょうか。

わたしの考えでは、建物やフェンス、公園のベンチは、それ自体がすでに芸術作品です。落書きでそうした建築物を台なしにするというのは、ほんとに悲しいことです。それだけではなくて、落書きという手段は、オゾン層を破壊します。そうした「芸術作品」は、そのたびに消されてしまうのに、この犯罪的な芸術家たちはなぜ落書きをして困らせるのか、本当に私は理解できません。　（ヘルガ）

十人十色。人の好みなんてさまざまです。世の中はコミュニケーションと広告であふれています。企業のロゴ、お店の看板、通りに面した大きくて目ざわりなポスター。こういうのは許されるでしょうか。そう、大抵は許されます。では、落書きは許されますか。許せるという人もいれば、許せないという人もいます。

落書きのための代金はだれが払うのでしょう。だれが最後に広告の代金を払うのでしょう。その通り、消費者です。

看板を立てた人は、あなたに許可を求めましたか。求めていません。それでは、落書きをする人は許可を求めなければいけませんか。これは単に、コミュニケーションの問題ではないでしょうか。あなた自身の名前も、非行少年グループの名前も、通りで見かける大きな制作物も、一種のコミュニケーションではないかしら。
数年前に店で見かけた、しま模様やチェックの柄の洋服はどうでしょう。それにスキーウェアも。そうした洋服の模様や色は、花模様が描かれたコンクリートの壁をそっくりそのまま真似たものです。そうした模様や色は受け入れられ、高く評価されているのに、それと同じスタイルの落書きが不愉快とみなされているなんて、笑ってしまいます。
芸術多難の時代です。

（ソフィア）

この課題文は、学校の壁の落書きについての賛否両論のメールであるが、この文章には次のような特徴がある。①目的意識と相手意識が明確で、②自己主張が明確で首尾一貫し、③強い批判意識が現れ、④論拠が明示され、⑤論理的に展開している。これらは、欧米人の文章の典型的な特徴である。アメリカの作文教育であるパラグラフライティングでも、「首尾一貫性」「論理的な展開」「論拠の明示」が重視される。

一方、国語で扱う文章には目的意識と相手意識が希薄で、自己主張や批判意識が弱く、首尾一貫せず、論拠が明確でなく、論理的に展開しないものが多い。だからこういう文章を見るとカルチャーショックで面食らってしまうのではないか。

国際的な読解力を育てる第一の対策は、まず論理的な構成の教材を開発し、論理的な文章構成の方法を教えることである。

論理的な文章構成の基礎は、「私は～と思います。その理由は～からです。」という文型を幼児から高校生に至るまで徹底して身につけさせることである。

次に、具体的に自由記述問題に絞って検討しよう。

問2：ソフィアが広告を引き合いに出している理由は何ですか。

問2は〈解釈〉の問題である。日本の正答率（四二％）は、読解力が一位のフィンランド（五八％）より一六％低く、日本の無答率（二九％）は、フィンランドの三倍と際だって高い。

この答は、「ソフィアが広告を引き合いに出した」理由は、「広告と落書きの共通点を挙げて落書きを肯定するため」であることを、推論すればよい。このプロセスを「解釈」と呼んでいる。推論も解釈も欧米ではよく行われるが、国語教育では一般的でない。

第二の対策は、文章に書かれていることを根拠にして「なぜそう書いたのか」を推論する「解釈」の学習を行うことである。重要なポイントは、「推論の根拠は、自分の考えや予備知識ではなく、必ず文章中になければならないこと」を徹底することである。

問3：あなたは、この二通の手紙のどちらに賛成しますか。片方あるいは両方の手紙の内容にふれながら、自分なりの言葉を使ってあなたの答えを説明してください。

問3は、〈熟考・評価〉の問題である。日本の無答率は一五％でフィンランドの五倍である。設問の〈①片方あるいは両方の手紙の内容にふれながら、②自分なりの言葉を使って〉という条件に注目されたい。①は根拠が本文中になければいけない。自分勝手な思いこみでは正答にならない。②は自分独自の意見を要求している。本文を引き写したのでは正答にならない。日本ではこういう教育がどの教科でも徹底していないのである。フィンランドが無答率が低いのは、文字資料を読んで、根拠を明らかにして意見発表し討論するプロジェクト型の学習をどの教科でも盛んに行っているからである。

第三の対策は、全文を正確に理解した上で、書かれたことを根拠にして、自分独自の意見発表をして討論する学習を、どの教科でもどの時間でも行うことである。

**問4**：手紙に何が書かれているか、内容について考えてみましょう。
手紙がどのような書き方で書かれているか、スタイルについて考えてみましょう。どちらの手紙に賛成するかは別として、あなたの意見では、どちらの手紙がよい手紙だと思いますか。片方あるいは両方の手紙の書き方にふれながらあなたの答えを説明してください。

問4は、〈熟考・評価〉の問題である。この問題も無答率が二七％でフィンランドの三倍である。日本の無答率が高い理由は、①文章表現の効果を評価したり批判したりすること②本文を根拠にして独自の意見を述べること、が十分教育されていないからであろう。

第四の対策は、討論を通して文章表現を吟味し、具体的な根拠を挙げて、効果的かどうかを評価したり批判したりする学習を取り入れることである。

さらに、これらの三問のすべてが①全文を読んで理解していないと解けない②文章の主題に密接に関わる大づかみな問題で枝葉末節の問題ではない、ことに注目されたい。

第五の対策は、文章全体と主題に深く関わる本質的な課題について、討論する学習を推進することである。そのためには、従来の国語教育が好んで行ってきた重箱の隅をつつくような精読型の授業から、多読して討論するプロジェクト型の学習への転換の必要がある。

第六の対策は、本・雑誌・インターネット・新聞など文字情報を多読し・課題を明確にして討論するプロジェクト型の学習を、総合を含めどの教科でも取り入れることである。

**参考文献**

1　有元秀文『子どもの「読む力」を引き出す　読書へのアニマシオン入門』、学習研究社、二〇〇二年
2　国立教育政策研究所編『生きるための知識と技能――ＯＥＣＤ生徒の学習到達度調査（ＰＩＳＡ）二〇〇〇年調査国際結果報告書――』、ぎょうせい、二〇〇二年
3　国立教育政策研究所編『生きるための知識と技能２――ＯＥＣＤ生徒の学習到達度調査（ＰＩＳＡ）二〇〇三年調査国際結果報告書――』、ぎょうせい、二〇〇四年
4　OECD, *Learning for Tomorrow's World: First Results from PISA 2003*, 2004.

# 初出一覧

1 「対話と相互交流」のある学校をめざして
東京都立教育研究会編『教育じほう』五九八号、東京都新教育研究会、一九九七年、三二〜三七頁

2 「相互交流のコミュニケーション」を学ぶための国語教育のありかた
『日本語学』第一七巻第二号、明治書院、一九九八年、五三〜六〇頁

3 コミュニケーション活動としての論理的な表現指導のあり方——小中学生のスピーチ原稿の分析——
『日本語学』第一七巻第三号、明治書院、一九九八年、二二〜三二頁

4 未来を切り拓く、スピーチコミュニケーションの学習
ネットワーク編集委員会編『授業づくりネットワーク』一五一号、学事出版、一九九八年、六四〜六六頁

5 目立つ「読む力、書く力の不足」をどう補うか
『教育ジャーナル』第三七巻第一一号、学習研究社、一九九九年、七〜一一頁

6 読書とコミュニケーションが学校を変える
山形県教育センター編『山形教育』第三二五号、山形県教育センター、二〇〇〇年、一〇〜一三頁

7 コミュニケーションに必要なカウンセリングスキル
『教育科学国語教育』五九八号、明治図書出版、二〇〇〇年、九七〜一〇一頁

8 メディアの暴力を批判するためのメディアリテラシー教育
『教育科学国語教育』六〇二号、明治図書出版、二〇〇一年、九七〜一〇一頁

9 スペインで行われた「読書へのアニマシオン」セミナー

10　『教育科学国語教育』六〇三号、明治図書出版、二〇〇一年、九七～一〇一頁
「読書とコミュニケーション」が確かな国語学力を育てる
日本国語教育学会編『月刊国語教育研究』三六二、日本国語教育学会、二〇〇二年、三八～四一頁
11　「コミュニケーション・スキル」をどう育むか――国際化と子ども受難の時代に
教育開発研究所編『教職研修』三六九、教育開発研究所、二〇〇三年、三四～三七頁
12　コミュニケーションスキルを学ぶための学習モデルの開発
言語技術教育研究所編『教育科学国語教育』六四一号、明治図書出版、二〇〇四年、二〇～二三頁
13　相互交流の輪が広がる新しい読書指導の在り方
長崎県教育センター編『教育ながさき』六四四号、長崎県教育研究協議会、二〇〇四年、六～九頁
14　気持ちが伝えられる子を育てるには――子どもの意識調査から
『児童心理』八〇八号、金子書房、二〇〇四年、一六～二一頁
15　多読と討論が国際的な子供を育てる
日本国語教育学会編『月刊国語教育研究』三八八、日本国語教育学会、二〇〇四年、二八～三一頁
16　OECD調査によるわが国の高校生の読解力とその背景
論集編集委員会編『日本語教育学の視点――国際基督教大学大学院教授　飛田良文博士退任記念――』、東京堂出版、二〇〇四年、二五八～二七〇頁
17　国際的な読解力を育てるための指導方法の改善
『月刊国語教育』三〇一号、東京法令出版、二〇〇五年、二八～三一頁

**著者**　有元　秀文（ありもと　ひでふみ）

**略歴**

昭和46年３月　早稲田大学国語国文学科卒業
昭和46年４月　東京都立新宿高等学校教諭
昭和61年４月　文化庁文化部国語課国語調査官
平成３年10月　国立教育研究所教科教育研究部
主任研究官
平成13年１月～現在　国立教育政策研究所教育
課程研究センター基礎研究部総括研究官
平成13年４月～　国際基督教大学語学科非常勤講師
平成16年４月～　東京大学教育学部非常勤講師

**著書**

『子どもの「読む力」を引き出す　読書へのアニマシオン入門』、学習研究社、2002年（単著）
『子どもが必ず本好きになる16の方法　実践アニマシオン』、合同出版、2005年（単著）
『総合的な学習に生かす　パソコンを活用した「楽しいコミュニケーション」の授業』、東洋館出版社、2000年（編著）
『「相互交流のコミュニケーション」が授業を変える』、明治図書出版、2001年（編著）
『イラスト版　こころのコミュニケーション　子どもとマスターする49の話の聞き方・伝え方』、合同出版、2003年（監修）

「国際的な読解力」を育てるための
「相互交流のコミュニケーション」の授業改革
――どうしたらPISAに対応できるか――

2006年６月５日　発行

著　者　有　元　秀　文

発行所　株式会社　渓水社
広島市中区小町１－４（〒730－0041）
電　話（082）246－7909
FAX（082）246－7876
E-mail: info@keisui.co.jp

ISBN4－87440－921－0　C3081